千葉怪談

牛抱せん夏

JN038785

竹書房
怪談
文庫

目次

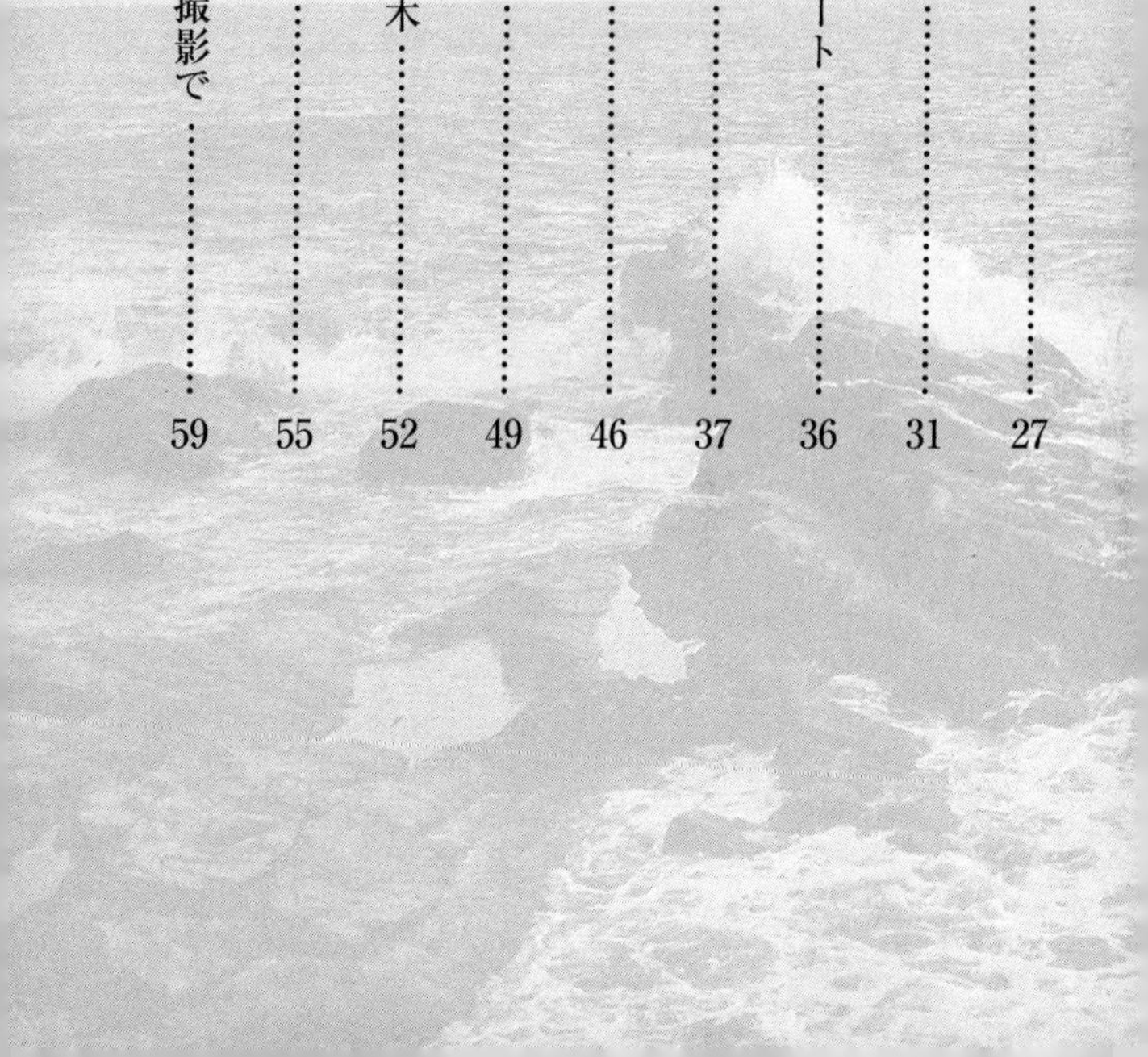

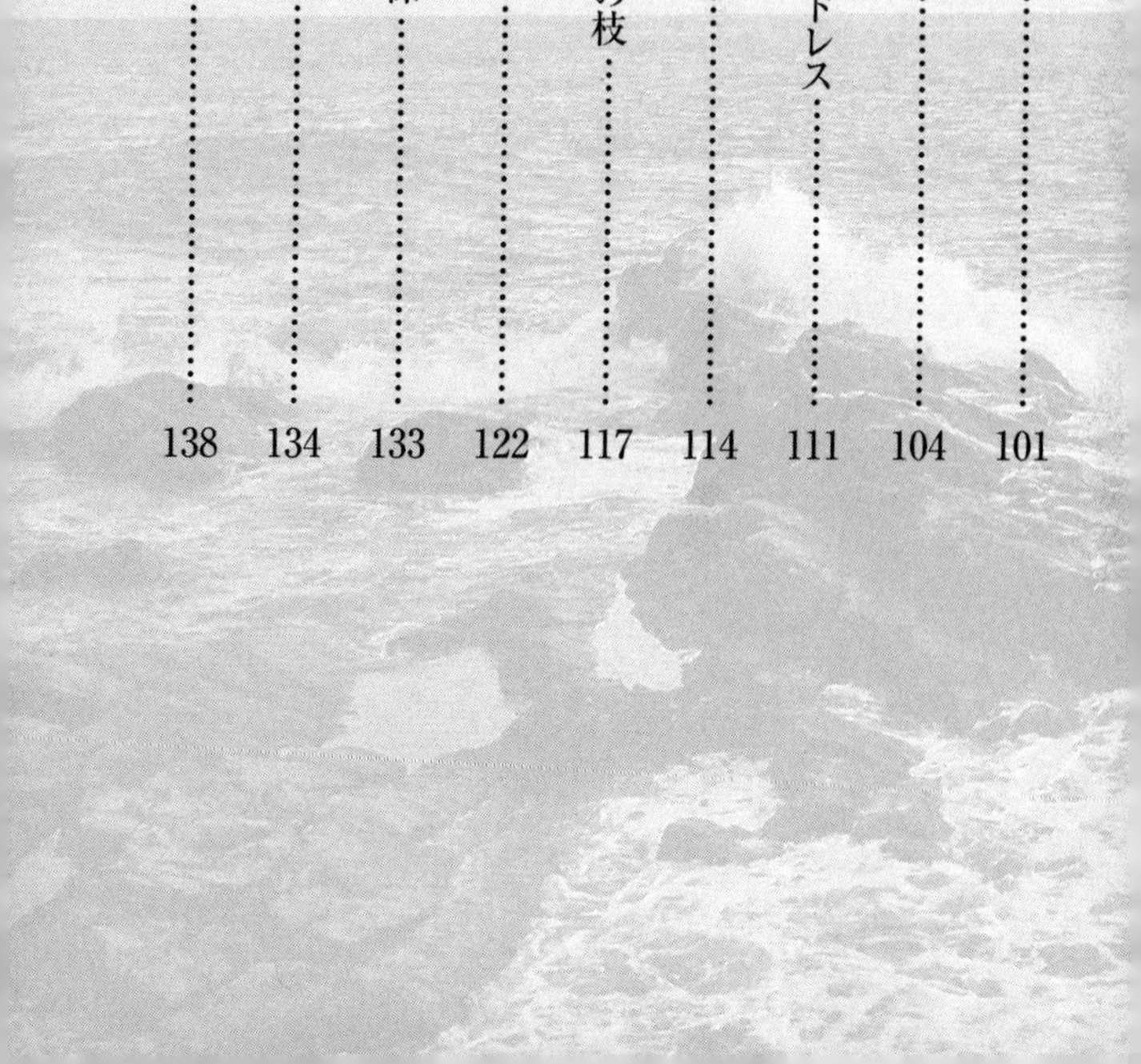

※本書に登場する人物名は様々な事情を考慮して仮名にしてあります。

関東地方の東側に位置し、三方を太平洋に囲まれた約６２７万人の県。
上総国《かずさのくに》・安房国《あわのくに》・下総国《しもうさのくに》から成っていた名残で房総《ぼうそう》と呼ばれる。歴史的文化遺産や貝塚、戦争遺跡も多い。また、全国的にも有名な心霊スポットや心霊現象が起こる場所も多く存在する。

都市開発

千葉ニュータウン「ちはら台」は、一九七七年から二〇〇七年にかけて都市計画事業「千原台土地区画整理事業」として造られた街だ。

千葉市と市原《いちはら》市にまたがっており、それぞれから一文字ずつ取って「千原台」、ひらがなで「ちはら台」とされた。

山林や畑だった土地を開拓し、次々に住宅や店舗が建てられ、周辺の河川整備なども進んでいった。

あるとき、開発中の小高い丘にまた新築が建てられることになった。家が完成すると、東京から五十代の夫婦が越してきた。老後、落ち着いた暮らしをするためだったそうだ。夫は定年までまだ一年あったので、先に妻だけが住みはじめた。夫は平日、東京で寝泊まりし、週末に、ちはら台へ帰ってくるという生活だった。

先にこの地域で暮らしていた主婦は、この夫婦をはじめから観察していたそうだ。しばらくすると、週末だけ帰ってきていた夫の姿を見かけなくなった。気になった主婦は、ゴミ捨て場で居合わせた妻に訊《き》いてみた。

「最近、ご主人見かけないけど、どうしたの？」

すると、妻の表情が曇《くも》った。

「この家にいると頭が痛くなるみたいなの。痛くていられないから無理って言うのよ」

そのうちに、妻の姿も見なくなった。

一か月ほどして久しぶりにスーパーで「こんにちは」と声をかけられた主婦は驚いた。あの家の妻なのだが、一瞬誰だかわからなかった。げっそりとやつれて、髪も真っ白だ。まるで老婆のように見える。

「どうしたの？　ここのところ見なかったけど。体調でも悪いの？」

「あの家にいると、頭が割れるように痛くなるの。来週、出ていくことにしたわ」

ああやっぱり、と出かかった言葉を主婦は飲み込んだ。

（鳥居を壊した上に建てられた家だもの――）

七廻塚古墳

千葉県の怪談を蒐集するにあたり、何人か知り合いに連絡をしてみた。

その中で、以前かずさエフエムのパーソナリティをしていた、かやさきみちこさんに、なにか怖い体験や不思議な話はないかと訊いてみた。

「私はまったくないんですけど、この前テレビの収録で、ちょっと怖い話の特集をしたんです。その番組担当の小田さんというスタッフさんが、なにか知っているかもしれませんよ」

さっそく連絡先を伺って電話をかけてみた。

テレビ局のスタッフさんは大概忙しい。何度かかけてみて、二日後にようやくつながった。

「お忙しいのにすみません」

「今日は夕方からなので大丈夫ですよ」

「小田さんが怖い話を知っていると聞いたのですが——」

「番組で特集したのは千葉の民話なんです。生浜東小学校《おいはまひがししょうがっこう》の校庭に古墳があって、それにまつわる話です」


千葉市立生浜東小学校の校庭には「七廻塚古墳《ななまわりづかこふん》」という直径五十四メートル、高さ九メートルほどの円墳がある。五世紀頃に築かれたものと考えられており、一九五八年に校庭拡張のため、発掘調査が行われた。

発掘調査では、古墳の中央から祭祀遺構や木棺が埋葬された跡が三つ見つかり、内部からは鉄製の太刀や剣、鉾《ほこ》などの武具や青銅製の鏡、滑石《かっせき》製の装飾模造品など多くの副葬品が出土した。

この塚にはこんな言い伝えがあるという。

夜中に塚の前で、片足跳びをしながら七回まわると、どこからともなく機織《はたお》りをする音が聞こえてくる。やがて女性のすすり泣く声が聞こえてくる、というものだ。

地元の民話を聞くことができたので、お礼を伝えて電話を切ろうとしたが、念のため

「小田さん自身は、怖い体験をしたことはありませんか?」

そう訊いたところ「ありますよ」と即答してこんな話をしてくれた。


彼女が小学生の頃のことだ。

ともだちと公園で遊んでいると、いつの間にか日が沈んでしまった。慌てて自転車に飛び乗って家路を急いだ。

暗くなる前には必ず帰ってくるように、と毎日母親から口をすっぱくして言われていたのに、この日はすっかり遅くなってしまった。

このままだと叱られてしまう。なるべく最短ルートを通りたい。

いつもは使わない裏通りに入ると、道沿いに高い塀《へい》が続いている。スピードを上げて、立ち漕ぎをしはじめたときだった。塀の上に——ひとの頭が見えた。

自転車を漕ぎながらも、それが気になって仕方がない。

なんであんなところに? ずいぶん背が高いなあと思ったが、塀の上の頭は、小田さんと同じ速度でこちらを見下ろしながらついてくる。

やがて、塀が途切れたところで頭は「ぼとっ」と地面に落ちた。

思わず急ブレーキをかけて止まった。

地面に、おじさんの頭が落ちている。その顔は、悲しそうでもあり、恥ずかしそうでもある、なんとも言えない表情で、こちらを見上げていた。

頭はくるくると回転し、また塀をよじ登って塀の向こうへ消えていったそうだ。

この怪異が起きたのは、七廻塚古墳の近所だったそうである。

無視

鎌ケ谷《かまがや》市の妻の実家へ行った帰り道。国道六号線を自宅のある都内の東向島《ひがしむこうじま》へ向けて車を走らせていた。やがて松戸《まつど》トンネルに進入すると、妻が「やだ。なんか怖い」と言う。

夫は「歌でも歌おうぜ！」とテンションを上げた。わかっているからだ。

無視をしていれば、トンネルいっぱいに浮かぶ大きな男の顔が消えるということを。

鋸南の家

一昨年《おととし》の九月、須田さんは車で千葉県の鋸南町《きょなんまち》へ向かっていた。

鋸南町は、千葉県の南西部に位置し、日本三大水仙生産地としても知られている。

町名の由来は、富津《ふっつ》市との境に、聖武《しょうむ》天皇によって開山された鋸山《のこぎりやま》があり、その南に位置していることから「鋸南」と名付けられた。

人口は二〇二一年十一月時点で七二三三名。のどかな町だ。

鋸南町には、数年前まで須田さんの母方の祖父母が住んでいた。ふたりとも他界して、現在は空き家になっている。

両親は千葉市に住んでおり社会人となった須田さんは愛知県でひとり暮らしをしている。

祖父の三回忌があるので、両親と祖父母の家で会うことになっていた。須田さんは、事前準備の手伝いも兼ねて数日間の休みをとって、久しぶりに鋸南を訪れるのだ。

愛知県から車で約五時間。懐かしい街並みが見えてきた。

こどもの頃はよく、祖父母に海岸へ連れていってもらった。特に、潮干狩《しおひが》りが楽しみで、夢中になって貝を集めたものだ。

いつの間にか家族や親戚との集まりもなくなっていた。

鋸山へも小学生以来、登っていない。懐かしい記憶が一気に押し寄せてくる。

祖父母の家に着き、表に車を停めてインターホンを押したが、返事がなかった。戸も閉まっている。

(買い物にでも行ったのかな)

裏庭へまわると、両親は家の保全をしているところだった。

祖父母が亡くなって無人となったこの家には、両親がたまに来て壊れた部分を直したり、風を通したり、庭の雑草を刈ったりして管理している。

ひとの住まなくなった家は傷みが早い。取り壊すことも考えたが思い入れのある家だし、海も近い。別荘感覚でしばらくは残しておくことで話は落ち着いた。

母親は須田さんに気がつくと「ちょっと手伝って」と手招きをする。

「窓の補強をしようと思って。ほら、これ」

のこぎりを手渡され、休む間もなく板を伐《き》りはじめた。

両親も忙しそうに作業している。ある程度伐り終えて伸びをすると、部屋の廊下の窓から母の兄である伯父がこちらを見ていることに気がついた。

(伯父さんも来ていたのか。なら、手伝えよ)

この伯父とは、あまり関わりがなかった。昔からだらしない人間で、結婚はしたが、すぐに離婚したと聞いている。

ひとの情けでなんとか生活をしていると言われ、親類たちからも疎《うと》まれていた。

須田さんも、ほとんど会話をしたことがなかった。アパートを追い払われでもしたのだろうか。実家だからとダラダラ居ついているのではないかと須田さんはイラ立ちを感じた。

こちらの空気を感じ取ったのか、伯父は気まずそうに顔を引っ込めた。

作業がひと段落し、両親と家の中へ入り、すべての部屋の窓を開け放ち風を通した。

鋸南の九月はまだ暑い。母親が台所から麦茶を入れて居間へ運んできた。

居間の奥は仏間になっている。仏間は昼間も日当たりが悪かったが、電気の紐を引っ張ると、パッと明るくなった。

祖父母ともいなくなってしまった。淋《さび》しくはあるが、だんだん慣れてきた。

線香に火をつけて、おりんを鳴らし、合掌する。目を開けると、祖父母の遺影の横に、
見慣れない遺影がもう一枚あることに気がついた。それを見た須田さんは思わず、

「なにこれっ」

と声をあげた。

飾られているその遺影の鼻から上の部分が、まるで炭でも塗られたように、真っ黒になっている。

「ちょっと、この真っ黒なの、なに？」

須田さんの声に驚いた両親が、仏壇の中をのぞき込む。

ふたりともその遺影を見て同じように「なにこれ」と顔を見合わせた。

「これ、伯父さんの遺影よ。あんたには言ってなかったけどね、去年、うちの兄さん、死んだの」

伯父が死んだ？　先ほど廊下に立っていて、庭を見つめていたはずだ。

そのことを伝えると母はそんなはずはないと首を横にふった。

写真を選んだのは母だった。カラーで、一番良い笑顔で写っているものを遺影にした

はずなのに、なぜこんな色になっているのかと、理解ができないようだった。

「なんだかよくないことが起こりそうな気がする。三回忌はキャンセルするから、もう千葉に帰ろう。あんたもここじゃなくて、実家に泊まりなさい」

母はそう言って、遺影を仏壇に戻した。

有給休暇中は、鋸南のこの家で過ごす予定だったが、母の言うとおりに両親と千葉市の実家へ移動することにした。

その二日後の九月九日未明、房総半島台風（台風十五号）が千葉市付近に上陸した。千葉県内では八万千棟を超える住宅が被害に遭い、鋸南町では全世帯の七割近く、二千二百三十世帯が被災した。

須田さんの実家は無事だったが、海に近い祖父母の家は半壊し屋根瓦はほとんど吹き飛ばされた。あのまま泊まっていたら大変なことになっていただろう。

台風が去り、電気が復旧してから鋸南の家に行くと仏壇の中から祖父母の遺影は出てきたが、伯父の遺影だけは、どれだけ探しても見つからなかったという。

台風から二年が経った今も、屋根の部分にはブルーシートがかかったままで、家は残されている。

国分寺台地区の謎

私の実家は、市原市にある。市原市は房総半島の中央に位置しており、南北に長い大きな街だ。北部は石油化学コンビナートなど、大規模な工場群が広がり、南部にいけば、養老渓谷《ようろうけいこく》をはじめとする豊かな自然が人々を癒してくれる。ゴルフ場も多い。

海と山に恵まれた市原市には、縄文時代、弥生時代を通じて二千五百か所の遺跡や貝塚がある。

都心部へのアクセスも良いので住みやすい土地なのではないだろうか。

二〇二一年、地元の市原市立中央図書館から、イベントの依頼をいただいた。秋の朗読週間の一環として、文学講座を開催したいので怪談を語ってほしいとのことだった。

十一月上旬に、会場となる図書館で事前打ち合わせをすることになった。

現在は東京に住んでいるので、時間に余裕を持って家を出発した。

JR東京駅から総武快速線で千葉駅まで行き、内房《うちぼう》線に乗り換える。

中央図書館のある五井《ごい》駅へ到着したのは、打ち合わせの二時間も前だった。

せっかくなので、打ち合わせ前に国分寺台《こくぶんじだい》にある「史跡上総国分尼寺跡《かずさこくぶんにじあと》展示館」に行くことにした。

五井駅東口から小湊《こみなと》鉄道バスに乗り「市原市役所」で下車。そこから徒歩十分。

この展示館は数年前、両親と車に乗って買い物をしている途中で偶然見つけ、一度だけ入館したことがあった。二歳の頃から市原市に住んでいたが、この展示館の存在をそれまで知らなかった。

市原市には現在、真言宗の上総国分寺が存在するが、奈良時代に創建された当初の上総国分寺の跡とその尼寺の上総国分尼寺が史跡として保存されている。

七四一（天平十三）年当時、聖武天皇の詔《みことのり》によって全国約六十か所に国分寺と国分尼寺が建立された。

聖武天皇が治めていた天平年間は華やかで瀟洒《しょうしゃ》な貴族文化が花開いた奈良時代の最

盛期であったが、一方で民衆は貧苦に喘《あえ》いでいた。異常気象や地震に加えて天然痘《てんねんとう》の大流行により、農作物は育たず飢餓《きが》と疫病によって総人口の三割が亡くなったともいわれている。

仏教に深く帰依《きえ》していた聖武天皇は、このような社会的不安や混乱を仏教の力で鎮《しず》めるため、奈良に東大寺を整備するとともに、全国津々浦々に国分寺・国分尼寺を建立していった。

市原市の上総国分寺跡は、それら全国の国分寺のなかでも規模が大きく、伽藍《がらん》がよく整っている。また同時に造られた上総国分尼寺に至っては、全国の国分尼寺のなかで最も広く、また伽藍配置だけでなく付属施設を含めた古代寺院の全貌が明らかになった初めての国分尼寺跡となった。現在は国の史跡として保存されている。

この展示館には、出土品や模型が展示されているほか、野外には中門と回廊の一部が復元されている。後世に文化遺産を伝える貴重な施設だ。

学芸員さんの説明を受けてから、野外に復元されている中門と回廊を見学し、時計を見ると、ちょうど良い時間になっていた。

バスの時刻表を調べるとまだ余裕があったので、ひとつ先の停留所まで歩くことにした。しばらく行くと道端で立ち話をしている高齢の女性がふたりいたので話しかけてみた。

「こんにちは。地元の方ですか」

都内で話しかけると、大抵無視をされるか目を逸らされることが多い。

ダメ元ではあったが、ふたりとも「そうよ、あんたどこから来たの？」と気さくに答えてくれた。

「東京から来ました。でも実家は市内の南総《なんそう》です。このあたりのことを調べていて、今、国分尼寺を見てきたんですが、発掘調査のときなど、なにか不思議なこととか、なかったんでしょうか。なにか知りませんか」

前置きをしてから、怖い話はないか聞いてみた。

ひとりの女性は黙っていたが、もうひとりのおばあさんはかなり元気の良い方だった。

「そんな不思議なことって言ったってよう。そんなこと。へへへ」

「例えば、発掘調査のときに、幽霊が出るとか、そういう話は聞いたこと、ないですか」

「幽霊？　そんなのは、どこだってあるよう」

「この辺でも？」

「尼寺じゃなくてよ、この先、蛇谷だね。へ、び、や。あそこはよ、あれだね。事故が多いよ。市原なら知ってっぺ？　蛇の谷って書いて、蛇谷。なんでかわからないけど、昔っから事故が多くてよう、結構ひとが死んでるんだよ。見晴らしの良い場所なのにね、なんでかねえ。とにかく事故が多いんだよ。なにか、いるんだか、あるんだか、わからないけどね。ひとが、たくさん死ぬの、あそこは」

蛇谷という地区があることは初めて知った。調べてみると、すぐそばだ。

国分寺台地区は、東日本最古の前方後円墳である神門《ごうど》古墳群があり、中台《なかだい》遺跡、天神《てんじん》台《だい》遺跡、そして蛇谷遺跡などが中核となる集落群を形成したと考えられているそうだ。

市原市庁舎のすぐ目と鼻の先だ。

発掘調査で、弥生時代終末期から古墳時代前期初頭の竪穴住居跡が四十四棟発見されているという。

「おかしいよ。なんでもないところなんだよ。あんた、ちょっと行ってきなよ。幽霊、いるかもよ」

残念ながら時間がなかったので、今回は蛇谷へは行けなかった。

お礼を伝えてバス停へ向かおうとすると、ずっと黙っていたもうひとりの女性が、

「幽霊なんて、今はめっきり見なくなったけど、昔は当たり前のように見てたよ」

場所や、どんなものを見たのか聞いてみたが、首をふるばかりだった。
蛇谷でなぜ交通事故が多発するのかは、また近いうちに取材へいくつもりだ。

再会

中央図書館に到着すると、今回のイベント担当者である伊藤さんが出迎えてくれた。会議室へいくまでの間、世間話をしていると、伊藤さんは私の中学校の先輩であることがわかった。

「伊藤さんはどこに住んでいらっしゃるんですか」

「(市原市) 寺谷《てらやつ》の少し奥の栢橋《かやはし》です」

「地元でなにか怖い体験をしたことはありますか」

「それが、まったくないんです。でも――不思議なことならありました」

「ぜひ、訊かせてください」

「私のおばあちゃんのことなんです。太平洋戦争のとき、東京から疎開に来ていたこどもたちのお世話をしていたそうなんですよ。寺谷あたりは割と安全だったみたいで。

でも、あるとき、近所にB29が一機、落ちたんですって。それをね、うちのおばあちゃん、見に行ったらしいんです。

わざわざ、お弁当を作って持っていったようです。さつまいもの茎を煮たものとか、おにぎりを入れて。

疎開に来ていたこどもたちを引き連れて、墜落したB29を見に行ったんですよ。信じられます？

まるで芸能人が田舎に来たから見に行こうみたいなノリですよね？　でも、それだけ珍しかったんでしょうね。みんなでワクワクしながら見に行ったんですって。

そうしたら、メチャメチャになった飛行機のそばに、足が転がっていたんですって。

墜落の原因はわかりませんけど、アメリカ兵の方は亡くなってしまったようで。

でも、そのおばあちゃんの行動がなんだか怖くって」

「珍しいし、滅多に見られないからという感覚だったんでしょうね？」

「そうかもしれません。それで、その話には続きがあって――」

伊藤さんが、おとなになってからのことになる。

家族旅行で東京へ遊びに行くことになった。当時、八十代だった祖母の希望で、巣鴨《すがも》の商店街へ立ち寄ることにした。

「おばあちゃんの原宿」と呼ばれるだけあって、商店街は多くの観光客や、地元住民でにぎわっていた。

とげぬき地蔵に参拝して、食べ歩きをしようと散策していると、飴玉を売っている店を見つけた。袋詰めができると貼り紙がされていたので、さっそく挑戦しようとすると、

「あんた、寺谷の人だろ?」

突然、店主に声をかけられた。まったく会ったことも見たこともない高齢の女性だ。

「そうですけど……」

伊藤さんが首を傾げていると、女性は「あんたの顔を忘れるわけがない」と涙を流した。驚いて事情を聞いてみると、理由はこうだ。

女性は、幼い頃、東京から千葉県へ疎開していたことがあった。疎開先は、市原市の寺谷。そこは伊藤さんの家だった。

こどもたちの面倒を見ていたのは、まだ若かった伊藤さんの祖母だった。

親と離れて心細かった自分たちを本当の家族のように可愛がってくれた。そして、店

先に来た伊藤さんの顔が、かつての祖母に瓜二つで、間違いなく身内だとわかったと、店主の女性は言った。

　隣の店から出てきた伊藤さんの祖母が、店主を見るなり涙を流した。そして躰《からだ》を抱き寄せると、ひと目もはばからず、しばらくそうしていた。

　やがて祖母が、よく気がついてくれたと礼を言うと、店主の女性は、

「だって忘れられないわ。たくさんお世話になった恩人だもの。それに、B29が落ちたとき、お弁当を持って見に行ったもの。怖かったわ」

「そりゃ、怖かったでしょうよ。飛行機のそばに、足が落ちていたんだもん」

「ううん。そのことじゃないのよ。その足をね、不思議そうに見ているアメリカの兵隊さんがいて、あのひと、なにしているんだろうって。でもどうやらそれは、私にしか見えてなかったって、あとで知ったの。それがなんだか怖くって。一生忘れられないわよ」

　店主の女性は祖母にそう語った。

「私の唯一持っている話です。さ、打ち合わせをはじめましょうか」

　伊藤さんは私の顔を見てニッコリ笑った。

参拝するひと

市川市の法華経寺《ほけきょうじ》は、日蓮《にちれん》宗大本山の寺院で、鎌倉時代の一二六〇（文応元）年に創立された。

その年、日蓮が鎌倉の松葉ケ谷《まつばがやつ》で対抗する宗教勢力の焼き討ちにあったとき、日蓮の信徒であった下総国の豪族・富木常忍《ときじょうにん》と太田乗明《おおたじょうみょう》が、日蓮を迎えた地だとされる。日蓮自ら本尊仏像を安置し、法華堂開堂供養会を営み、百日百座の説法を行ったところでもある。

一二六四（文永元）年、鴨川《かもがわ》の小松原で東条景信《とうじょうかげのぶ》の軍勢に襲撃され、日蓮聖人は眉《まゆ》に傷を負った。その際、鬼子母神が現れ、一命を救われたという。中山に避難した日蓮は自ら鬼子母神像を彫り、安置した。

度重なる法難に遭った日蓮にとって、ここは安息の地となった。

昨年の初冬、正岡さんは市川市の実家に帰省した。

ひとり暮らしをしているマンションからそう遠くはないが、たまにこうして両親の顔を見にいくようにしている。

玄関を開けると夕食の良いにおいが漂《ただよ》ってきた。母が好物を作って待っていてくれたのだ。

無口な父も、正岡さんが帰省するとなんとなく嬉しそうにしている。

晩酌をして風呂に入り、早めに布団に入った。ところがこの日はなかなか寝つけなかった。

十一時を過ぎていたが、テレビを観る気にもなれなかったので、寝るのは諦めて近所を散歩することにした。

家から歩いて十五分ほど行くと、法華経寺がある。正岡さんは寺のすぐ前の幼稚園に通っていたので、このあたりには馴染みがある。

こどもの頃「夜になると参道脇の墓地から落ち武者の幽霊がゾロゾロ出てくる」という噂を何度も耳にしたことがあったが、実際に見たというひとには会ったことはない。

寺は、夜でも大きな照明があるので参拝しやすい。夜八時以降はひと気がなくなり、雰囲気も良いから、たまにこうして来ることがあった。

春の夜桜が特におすすめだが、名物の「泣き銀杏《いちょう》」と呼ばれる巨木の銀杏が見事な黄金色となり、ちょうど見頃だ。

その「泣き銀杏」と本堂を一緒に写真に収めて、SNSに投稿しようと境内に足を踏み入れた。

本堂の斜に立ち、スマホを構える。我ながら良いアングルだ。

ところが、シャッターを押そうとしたタイミングで、石畳を通って参拝客が本堂へ歩いて行くのが画面に写りこんでしまった。

正岡さんは、スマホを下ろした。せっかくなら、無人の夜の本堂を撮って投稿したい。

参拝客は、賽銭箱に金を入れると、深々と頭を下げ、合掌した。

(こんな時間でも、お参りに来るひとがいるのか。帰るまで待つか)

ところが、なかなか顔を上げない。なにをそんなに熱心に祈っているのか、頭を下げたまま微動だにしない。

数分程度なら待てるが、もうかれこれ十五分はその状態だ。

正直、じゃまだ。

さっさと帰ってくれないかとイラ立ちはじめていた。だからといって、写真を一枚撮るために「どいてくれ」とは言えない。

正岡さんは時間をつぶそうと、公衆トイレに入った。

ゆっくり用を足し、表に出ると、まだ、いる。

先ほどと同じ格好で合掌したまま頭を下げている。

しびれを切らした正岡さんは、わざと「どけ」と言わんばかりに石畳ではなく、砂利を突っ切って本堂の方へ近づいていった。

この音を聞けば、ほかの参拝客がいるということに気がつくはずだ。

敢《あ》えて大きな音を立てながら近づいていった。それでも顔を上げない。

「おい」と、喉元まで声がでかかったとき、本堂の裏から寺の若い僧が廊下を歩いてきた。

修行中なのか、この寺の息子なのかはわからないが、まだあどけない顔をしている。

この方に頼んで声をかけてもらおうかと考えた。

ところが寺僧は、賽銭箱の方を見ると、ぎょっとした顔をして目を逸らし、もう一度顔を上げた。正岡さんもそれにつられて同じ方を見ると、あの参拝客が手を合わせ、頭を下げた状態で、顔だけこちらを向いていた。

「あっ」と息を飲んだと同時に、目の前にいた参拝客が、ふっと消えた。

寺僧は腰が抜けたようになって戻っていった。

境内を見渡したが、誰もいない。去っていく足音すら聞こえなかった。

そのとき、ふと数年前に境内にある五重塔のたもとにある木で、サラリーマンが首つり自殺をしたことを思い出した。

正岡さんは本堂に手を合わせると、慌てて帰宅した。

思い返してみると、背後からずっと見ていたはずなのに、あの参拝客が、男だったのか、女だったのかも覚えていない。

あの参拝客と首つり自殺に関係があるのかどうかもわからない。

それにしても、亡くなってからも参拝にくるとは信心深いひとだなあ、と正岡さんは思ったそうだ。

夜のバイクデート

ずいぶん前の話だ。

その女性は、彼氏が運転するバイクの後ろに座ってドライブをしていた。

「どこに連れて行ってくれるの？」

「勝浦の海中公園あたりまで行って海見ようぜ」

「夜の海？　怖っ」

バイクが外房《そとぼう》線の踏切を渡ったとたん、ぞくり。

「なんか、急に寒くなった。躰重いし、だるいから帰りたい」

「え？　風邪ひいた？」

女性は、自分の後ろに誰かが座っているとは言えなかった。

母の手記

「千葉県の怖い話を募集しています」と初めてTwitterに投稿して、一番最初に連絡をくださったのが、我孫子《あびこ》市にお住まいの菊池さんという方だった。

「僕の母が体験した不思議なできごとを書き留めた手記がありますが、見ますか？」

どんな内容が書かれていますかと訊くと「すべてDMで説明するのは難しい」とのことで、直接自宅に訪問して話を伺うことにした。

「母は数年前に他界しています。生前悩みがあったようでよく話していました。だから、気になることをノートに書き留めておけば？　とアドバイスしたんです。これです」

菊池さんは一冊の大学ノートをテーブルに置いた。

一見すると単なる日記のようだが、そこには菊池さんの母の戸惑《とまど》いが記されているという。

「まずはじめに、うちの家系のことをお伝えしておきます。母には姉がふたりいました。姉のひとりが、拝み屋だったんです。僕の伯母にあたる方です」

伯母は眷属神《けんぞくしん》（稲荷《いなり》神の使い）を操り、憑《つ》き物落としやお祓《はら》いなどを行っていたという。近隣の住人たちも伯母を頼って、よく訪ねてきていた。その影響もあってか、菊池さんの母親も昔から視えるはずのないものが視えていたらしい。

菊池さんの家では印西《いんざい》市の石尊阿夫利《せきそんあぶり》神社を信仰しており、家族揃ってよくお参りに行っていた。信心を怠らぬよう自分への戒《いまし》めもあったのではないかと菊池さんは言う。

「私は自分のことが、時々、怖くなるのよ」

母親は口癖のようにそう言っていたそうだ。その原因はひとつではない。

いくつかのエピソードを聞いたのでここに記す。

菊池さんの母親の安子さんには、歳の離れた姉がふたりいた。

拝み屋である一番上の姉とは親子ほども歳が離れていた。そのため、一番上の姉の娘である姪との方が歳が近く、一緒に遊ぶことが多かったという。それは、おとなになってからも同じだった。家が近いこともあり、毎日のように顔を合わせていたそうだ。

ところがある日、仲の良かった姪から、ものすごい剣幕で電話がかかってきた。

「あんた、なにしてくれたの！　最低！　絶交よ」

突然のことに驚き、安子さんがなんのことかと訊ねると「とぼけるな」と一方的に電話を切られてしまった。

事態が飲み込めず、姉に連絡をすると、事情はこうだった。

夏も終わり、だんだんと気温も下がってきたので、そろそろストーブや炬燵《こたつ》の支度をしようと、姪が庭の倉庫を開けたところ、バケツが転がっていて、中が水浸《みずびた》しになっていた。電化製品はすべてダメになっていた。

何者かが、嫌がらせで故意にやったに違いない。あれこれ話していると、近所に住む女性がフェンスの向こうから「私、見ましたよ。バケツで水をかけたのはあなたの伯母の安子さんよ」と言ったのだという。

安子さんを仲の良い親友のような存在だと思っていたのに、なぜこんなことをするのか理解ができず、二度と顔も見たくないし、口も聞きたくない。姪は激高した。

事実無根の罪を着せられた安子さんのショックは相当なものだった。

なんとか誤解を解きたい。

いったい誰がそんなことをしたのだろう。犯人を突き止めようと、姉に頼みこんで、拝んでもらうことにした。

眷属神を操り、誰が犯人なのかを探る。

すると、庭の倉庫に故意に水を撒いたのは、告げ口をしてきたあの近所の女性であることがわかった。

その女性は、半年ほど前に、安子さんの隣家に越してきた夫婦ものだった。

妻は安子さんと同じくらいの年齢で、互いの家を行き来するほど仲が良くなった。

彼女は安子さんのことをひどく気に入り、手作りのおかずや土産品を度々持ってきていたが、そのうちに、姪の存在に気づいた。

「自分が一番仲が良いはずなのに」という理不尽な嫉妬心から、隣家の妻は、安子さんと姪を引き離そうと、わざと仲が悪くなるように仕向けたのだった。

犯人が判明し、誤解は解けたのだが、安子さんは自分が疑われた悲しみが、いつしか怒りに変わり、姪を心から怨むようになっていった。

これまで親友のように関わってきたが、彼女の方からも一切の連絡を絶った。

その騒動から半年ほど経った頃、拝み屋の姉が電話をかけてきた。

なんでも、台所で夕飯の支度をしていると、どこからか気配を感じる。ふり向くと、居間の窓にかかっているカーテンの隙間から、安子さんがこちらを睨みつけていた。すぐにカーテンを開けて外を見たが、安子さんの姿はない。これは生霊だと直感し、電話をかけてきたとのことだった。

無意識のことで安子さんも驚いたのだが、その後も二十年にわたり、姪との関係は修復することはなかった。

ふたつ目のエピソードは、姪との確執があってから数年後のこと。

飼い猫が何者かによって殺されてしまった。

外に出かけても、いつもなら帰ってくる時間に帰ってこないことを心配し、近所を探してみたところ、駐車場で泡を吐いて死んでいた。

子猫の頃から大切に育ててきた黒猫で、安子さんはその亡骸《なきがら》を抱いたまま、しばらくの間、泣き続けた。

これは事故などではない。誰か、ひとの手によって毒殺されたのだと感じ、猫を連れて姉のもとへ行き、拝んでもらうことにした。

姉は外に出ると、ある家を指さした。

「あの家の女がやったね」

よく見知った人物だった。犯人がわかった途端《とたん》、心の底から怒りがこみ上げてくる。

「憎い、憎い、憎い、憎い——」

安子さんが口ずさむと、地面の底から、うめき声のようなものが聞こえてきた。

翌朝早くに、件の女は、家を出たところで車に轢《ひ》かれたと人づてに聞いた。


三つ目のエピソードは、菊池さんが小学一年生の頃のこと。

夏休みが始まり、仲の良いクラスメイトが母親と家に遊びにきた。

昼前に来て一緒に扇風機に当たりながらカードゲームをしていると、安子さんがそうめんを茹《ゆ》でて持ってきた。

ともだちの母親は遠慮して「悪いから帰ります」と立ち上がろうとしたのだが「そんなことを言わず、食べましょう」と安子さんが言うと、こどもも喜んだので、みんなでテーブルを囲んだ。

ガラスの器につゆを入れ、そうめんを浸してすする。

菊池さんはそうめんが大好きだった。

のど越しがよく、ごくりと飲み込むと、隣でびちゃびちゃと音が聞こえてきた。よほどお腹が空いているのか、ともだちが、器に顔を突っ込むようにがっついている。確か給食の食べ方もあまりきれいではなかったが、これはあまりにも下品だ。

こどもながらも菊池さんは引いてしまった。

そうめんを食べ終えると、ともだちはゲップをかまして満足そうにお腹をさすった。

数日後、ある噂が耳に飛び込んできた。

先日遊びに来たともだちの母親が、近所じゅうに、

「菊池さんの家のこどもは、食べ方が酷くて見ていられないわ。うちに遊びに来たときにそうめんを出してやったら下品に器に顔を突っ込んで、びちゃびちゃ音を立てながら食べているの。もう二度と呼びたくないわ」

真逆である。

自分のこどもの醜態を菊池さんのこととし、あちらこちらに言いふらしていた。

それが安子さんの耳にも入った。それを知った安子さんは、

「憎い、憎い、憎い、憎い――」

そう口ずさんでいた。

数日後、ともだちの母親は突然病気を発症し、杖なしではとうてい歩くことのできない躰になった。

安子さんが誰かを憎むとき、必ずその対象者が不幸に見舞われる。

今回紹介したのはそのほんの一部だ。

ほかにも数々のエピソードがあり、安子さんは自分自身に怯《おび》えるようになったそうだ。

「憎い相手を思って無意識に生霊を飛ばしたこととか、対象者が不幸になっていく様を母は書いていたようです。僕にもその血が流れているので気をつけています」

菊池さんはそう言って「どうぞ」と机の上に置かれたノートを差し出した。

すべてのページに、安子さんの思いが殴り書きのように記されていた。最後のページには、

「つらい。助けて」

この文字が、ノートいっぱいに真っ黒に書き綴《つづ》られていた。

「記録用として、このページの写真を撮っても良いでしょうか?」

私が聞くと、菊池さんの表情が変わった。

「なんのために？」

ノートをお返しして、早々にお暇《いとま》させていただいた。

立てこもり

白井《しろい》市で生まれ育った男性の話だ。

かつてこのあたりは農業地帯だったが、一九七九年に北総《ほくそう》線が開通すると都市開発が進み、徐々に人口が増加していった。

これは彼が四年生のときに、白井市内の小学校で体験したできごとだ。


その日、三時間目の始業ベルが鳴り、生徒たちは慌ただしく席に腰を下ろした。戸を開けて担任の教師が教壇に立つ。教科書を開いて授業をはじめようとして、担任は「あれ?」と声を上げた。

男子生徒がひとりいないことに気がついたようだ。確かにひとつ席が空いている。ほかのクラスメイトたちも、その子が朝からいたかどうかも気がついていなかった。

「誰か知らないか」

言われてみれば、いたような気もするし、いなかった気もする。もしかしたら、まだトイレにいるのではないかと数人の生徒が席を立って見に行った。

すると、一か所だけ鍵のかかった個室があったので呼びかけてみたが、返事はなかった。戻ってきた生徒が報告すると、担任もトイレに駆けつけて扉の外から声をかけた。

「だいじょうぶか？　体調でも悪いのか？」

やはり返事はない。

扉の上に隙間がある。椅子を持ってきて中を確認したらどうかと話し合いをしていると、中から「ガンッ」と鈍い音が聞こえた。なにか硬い物で壁を殴ったような大きな音だ。

「おい、中にいるのか？」

担任の問いかけに、またなにかで壁を殴りつける音がした。

反抗的な態度をとるタイプの生徒ではない。なにか訴えたいことでもあるのだろうか。

担任はポケットから十円玉を取り出し「開けるぞ」と声をかけて、錠前の溝に差し込んだ。その間も中から断続的に鈍い音が聞こえ続けていた。

鍵が開き、扉を開けると、音はぴたりと止まった。誰の姿もない。その代わりに、便器の横に錆《さ》びついたハンマーが一本転がっていた。

いなくなったと思われていた生徒はその日、学校に来ていなかったことがわかった。

小学校の設立時に、工事に携《たずさ》わった業者の作業員がひとり、亡くなったことを体験者の男性はずいぶんあとになってから知ったという。

映画サークル

中山さんという男性の話だ。

彼は船橋《ふなばし》市にある私立の高校に進学した。

商業科・情報処理科・食物調理科・工芸科・服飾デザイン科の専門五学科を持つ総合技術の高校で部活動も盛んだ。こどもの頃から物作りが好きだった中山さんは、映画部に入部した。

顧問の教師は、時々顔を出す程度だったので、生徒たちは自由に活動をすることができた。

入部してからは、すぐに秋の文化祭に向けて、一本の短編映画の制作に取り掛かる。

企画を立てて役割分担を決め、台本の作成から配役決めなど、先輩から教わりながら作業を進めていく。放課後の限られた時間を使っての作業なので、大掛かりなことはできないが、この年は戦隊ヒーローものを撮ることで、部員の意見が一致した。中山さんは役者として参加することになり主役に抜擢《ばってき》された。

その日は、ヒーローと悪役の戦闘シーンを撮影することになっていた。学校から歩いて三十分ほどの所に、船橋県民の森がある。広くて戦闘シーンの撮影もしやすい。放課後、部室で簡単な打ち合わせを済ませると、現場に向かった。県道二八八号線を白井方面へ歩き、コンビニのある交差点側の入り口から、中へ入った。

約十五ヘクタールほどの敷地は杉や檜《ひのき》、欅《けやき》などの木々に囲まれ森のようになっている。五分ほど行くと「集いの広場」と呼ばれるバーベキュースペースが見えてきた。その先にはアスレチックもある。休日や夏休みシーズンは家族連れで賑わっているが、この日は平日の夕方ということもあり、運よく誰もいなかった。戦闘シーンの撮影なので、このあたりが恰好の場所だと判断し、さっそく身支度を整えた。

監督を任されていた生徒が「スタート」のきっかけを出し、役者たちはアスレチック周辺で芝居を始めた。ところがすぐに「ちょっと待って」と、カメラを回すのをやめた。なにかあったのかと訊くと、遊具が勝手に動いているのだという。

皆、つられて監督の指さす方向を見たが、特に動いている物はなかった。

気のせいではないかと仕切り直すことにしたのだが、

「カット。駄目だ」

すぐにまたカメラを止めてしまった。

「後ろのアスレチックで遊ぶこどもが映り込んじゃっているんだよね」

学生の作品ではあるが、一般のひとが映らないよう配慮しなさいと顧問からの指導を受けていた。こちらの都合で無理にどいてもらうわけにもいかない。

「あの子がどこか行くまで待とう」

監督はそう言うが、誰もいない。

「あら？　いないね。どっか行っちゃった」

カメラを回す度、同じことのくり返しで、さすがに中山さんはしびれを切らし、

「時間ないから撮っちゃおうぜ。誰もいないじゃん」

そう言うと「キャハハ」と笑い声が聞こえた。

真後ろで、誰も乗っていない丸太のブランコが、きぃきぃ――。

薬円台公園の木

薬円台《やくえんだい》公園の近くに、コンビニが新たにオープンすることになった。

新規スタッフ募集の広告を見た男性は、さっそく履歴書を送り、面接を受けた。コンビニでのアルバイトは学生の頃から経験していたので、すぐにこの職場にも慣れてリーダーを任されるようになった。

夜十時から朝六時までの夜勤に入ることがほとんどだった。夜勤ではふたり体制で交互に休憩を挟みながら接客や品出しをする。

ある深夜。この日は、大学生のバイト君と勤務に入っていた。来客も少なかったので、交替で十分休憩をとることにした。

店の外に灰皿があり、バイト君はタバコを持って出て行った。ところがすぐに戻ってくると、真っ青な顔をして震えながら、

「公園に誰かいるんですよ」

だから裏で休みます、と言ってバックヤードに入っていった。

気になった男性は、表へ出た。道路を挟んだ向かいに薬円台公園がある。

(誰かいるってどういう意味だろう)

ポケットからタバコを出して灰皿の前で火をつけた。

公園は樹木に囲まれていて、暗い。街灯が淋しくぽつんと立っている。

生温い風が吹き抜け、公園の木々も、ざあっと揺れた。すると、街灯の下に黒い影のようなものが見えた。

(なんだ、木の影か。あれを、ひとと勘違いしたのか)

タバコの火を消して店内へ戻ろうとしたときだった。街灯の下の黒い影が、ひとの形になり、時計のふり子のように左右に大きく揺れだした。

すぐにバックヤードへ行き今見たものをバイト君に伝えると、同じものを見たという。

深夜帯はほとんど来客がなく、ふたりは震えながら業務をこなした。

ようやく外が白みはじめると毎朝買い物に来る常連客が、店内へ入ってきた。知っている顔を見ると少し安心できた。

客は、カウンター下のラックから新聞を引き抜くと、こう言った。

「誰か、公園で首吊ったな」

コンビニの目の前から少し入ったところの木で、若い男性が首を吊っていたという。

渋滞の理由

高沢さんが家事をしていると、鴨川市の実家に住む姉から「庭の柿が食べ頃だから、野鳥に食べられる前に採《と》りにいらっしゃい」と電話がかかってきた。

両親はすでに他界しているが、実家には現在姉家族が暮らしているので、今も折に触れ、遊びに行っている。

高沢さんの家からは、実家まで車だと一時間ほどだ。

夫は仕事で帰りが遅くなると聞いていたので、せっかくだから一泊することにした。

用事を済ませて家を出たのは夕方四時頃だった。

房総スカイラインを抜け、鴨川有料道路へ入る。左右は木々に囲まれており、民家はまばらだ。

進むにつれて山岳地帯になっていく。ツーリングを楽しむバイカーも年々増えているようだが、ほとんど渋滞することはなく、常に快適に運転できる道だった。ところがこの日、途中で大渋滞となった。これまで何度も通ってきたが、こんなことは初めてのことだった。

上りの線はいつも通りなのだが、下り車線は前も後ろも詰まっていてまったく動かなくなってしまった。

事故渋滞だろうか。

高沢さんは携帯電話を持っておらず、姉が心配するだろうと考えてイラ立ちはじめていた。

渋滞はしばらく続き、ようやく前の車が動き出した頃には、すっかり日が沈んでいた。前方を見ると、事故ではないようだ。一台の車が三十キロにも満たないスピードで、運転している。どうやらこの車が原因だ。

安全運転にも程がある。前の車が次々にそのノロノロを追い越していく。

高沢さんも後ろについて追い抜こうとした。追い抜きざま、いったいどんなひとなのだろうと、チラっと運転席を見た。きっと高齢者だろうと考えていたのだが、若い、十八、九の女の子だった。免許を取ったばかりなのだろうか。前かがみになってハンドルにしがみつくようにして不安気な表情で前を見つめている。

慣れていないなら、仕方ないかと思って助手席を見ると、着物姿の高齢女性が行儀よく座っている。八十歳をとうに越えているように見える。

着物に明るい高沢さんは、女性が着ているのは絣《かすり》の着物だとわかった。高齢ではあるが、品がある。それにしても、ふたりとも異様に顔色が真っ青だ。一瞬、身震いし、対照的なふたりの関係性が気になりつつ、その車を追い抜いた。

ところが、追い抜いて前に回ったとき、おかしなことに気がついた。

あれだけ大渋滞だったはずなのに、前には一台も車がいない。バックミラーを見ると、ふたりを乗せた車は相変わらずノロノロついてくるが、後ろにも一台もいない。

前にも後ろにも誰もいなかった。

(あれ？　いついなくなったのかしら？)

その後はスムーズに進んだが、実家に到着したのは夜七時過ぎだった。

姉には遅くなったことを詫びたが、渋滞の理由についてはなにも言わずにいた。

それから七年が経った秋。

高沢さんは毎年恒例となった柿採りのため、実家に行った。

家に着くと姉はおらず、社会人になった甥が客間でテレビを見ているところだった。彼とは一年に数回しか会う機会がないので、世間話でもしようと何気なく、七年前の鴨川有料道路での話をしたところ「俺もそれ見たよ」と言う。「なんか、ふたりとも変だよね」

運転していたのは、十八、九の若い女の子でハンドルにしがみついていた。助手席には上品な高齢女性が座っており、揃って顔は真っ青だった。

聞けば、甥がそれを見たのはつい最近のことだという。高沢さんが見たのは七年前だ。七年も経つのに、乗っていたふたりの容姿はまったく変わっていないようだった。

高沢さんと甥が背筋に冷たいものを感じていると、買い物から帰ってきた姉が開口一番、

「そういえば、知ってる？　鴨川有料道路に幽霊が出るらしいわよ」

若い女の子と、老婆が乗っている車の目撃談が相次いでいるそうだ。

金山ダムでの撮影で……

鴨川有料道路の脇道に、金山《かなやま》ダムがある。

このダムは、一九五二年から十四年の歳月をかけて造られ、周辺地域に農業用水を供給する重要な役割を果たしている。

金山川を堰《せ》き止めて造られたダム湖（金山湖）には、赤い吊り橋がかかっている。日中はブラックバス釣りのフィールドとして知られており、春から秋にかけて、早朝から愛好家や家族連れが多く訪れる地だ。

ところが夜になると、ガラッと景色が変わる。怪談や心霊好きの方であればご存じだとは思うが、ここは、千葉県の心霊スポットとして必ず名前が挙がるほど有名な場所になっていて多くの著名人たちも撮影にきている。

稲川淳二さんの「恐怖の現場」でその名を知った方も少なくないのではないだろうか。

現在も多くのユーチューバーや配信者たちが怪奇現象をカメラに収めようと度々訪れているようだ。

ダム湖にかかる赤い吊り橋は、自殺の名所となっており、幽霊の目撃談が多い。橋の上から身投げしたカップルがいたが、男性だけが生き残り、女性は亡くなってしまった。そのため女性のすすり泣く声が聞こえてくる――という噂や、湖面に無数の顔が浮かび上がるといった噂もある。また、ダム湖の手前のトンネル内を車で走っていると、いつの間にか後部座席に女が座っている、というものもある。


六年前の冬、動画の撮影で私も金山ダムを訪れたことがある。

当時、ニコニコ動画でレギュラー番組を持っており、毎月心霊スポットを巡っては、現地で起こったことをそのままレポートし、そこで怪談を語っていた。

金山ダムでのロケが行われたのは、真冬の深夜だった。

吊り橋の架かるダム湖へ行くには、ふたつのトンネルを抜けて行く必要がある。

ひとつめのトンネルの入り口には「金山 城址《じょうし》」の石碑が建っており、その先のトンネルを抜けると、赤い吊り橋が見えてくる。

街灯はなく、手持ちのライトを消すと一瞬で闇になった。

幽霊が出るかもしれないということよりも、闇が怖かった。

容赦なく、ロケは橋を渡るところから始まった。闇の中に浮かぶ橋をゆっくりと進んでいくが、歩くにつれ、カンカンと音が鳴った。この日の私の衣装は着物に下駄という出で立ちだった。

下駄の音がダム湖に鳴り響く。それにしても音が気になるので足元に目線を落として初めて気がついた。橋桁が、木製なのだ。木と木の間に僅《わず》かな隙間が空いている。

「うわ、これ、もし足を踏み外したら、落ちて死にますね」

思わずつぶやいた。ところが、なぜか次の瞬間、今自分が発した言葉を忘れてしまった。

「あれ？　今、私なんて言いましたっけ？」

監督に聞くと「もし足を踏み外したら、落ちて死にますね、と言いました」

「そっか。でも本当にそうですね、足を踏み外したら、死んじゃいますね」

そのとき、橋の下から「はーい」と返事が聞こえた。ところがなぜかまた自分の言ったことを瞬時に忘れて、同じ質問を監督にしていた。

監督も同じことを答える。するとまた下から「はーい」と返ってくる。

さすがに怖くなった。水面から顔が浮かび上がり、湖の底に引きずりこむという話もある。そんな噂を聞いていたために、変な錯覚に陥《おちい》っているのかもしれない。ちょうど橋の中間あたりまで来ていた。戻るのも進むのも怖かったが、ロケは始まったばかりだ。仕事で来ている以上、帰りたいとは言えない。

そのままロケは続いたが、橋の上でのことが怖くてその後のことをはっきりと覚えていない。

もう二度と夜には行きたくない場所だ。

その監督とは、その後もいくつかの心霊スポットを巡ったが、諸事情で番組は終了し、以降、心霊スポットロケの仕事はすべて断っている。

ところが今年の夏、事故物件住みます芸人の松原タニシさんの番組への出演依頼が来た。千葉県のおもしろい場所を案内する案内人としてのオファーだった。

これまで心霊ロケは断ってきたが、お世話になっているタニシさんの番組ということもあり、本当に久しぶりに引き受けることにした。実に六年ぶりの心霊ロケだ。

番組の企画は、千葉県のお勧め観光スポットをいくつか紹介し、夜は心霊スポットへタニシさんと女性タレントのMさんを連れていくという内容だ。

事前にスタッフさんたちと、どの場所を訪れるか、リモートで打ち合わせをすることになったのだが、添付されていた資料の中に「金山ダム」の文字を見つけた私は、躊躇《ちゅうちょ》してしまった。六年前の恐怖が一瞬で蘇ってきたのだ。

事情を説明すると、スタッフさんは「かえっておもしろいじゃないですか」と喜んでいる。番組としてはなにか起こった方が良いのだろう。

そんな不安もよそにロケ当日を迎えた。

金山ダムに到着したのは、夜の七時前だった。

ロケ日は真夏だったこともあり、まだ日が沈んでおらず、周辺は明るかった。

トンネルの前で日没を待っていると、バス釣りから戻ってくる釣り人たちがダム方面から何人も通り抜けていった。深夜でなければ、この場所は怖くはないのだと少しホッとした。

金山ダムの心霊現象についてもう一度触れる。

かつて橋の上からカップルが身投げをしたが男性だけが生き残った。女性は亡くなってしまったため、その女性のすすり泣く声が聞こえてくるという。

投身したカップルは女性が自分の死を儚《はかな》んで、夜、橋を渡ろうとする男性に声をかけ、そのまま水の中へ引きずりこむという。

スタッフさんの意向で、男性であるタニシさんはトンネルの中で待機し、私とMさんだけカメラを手に橋を渡ることになった。

六年前の恐怖が、じわじわと蘇ってくる。それでも今回は、二十歳も下のタレントさんを橋の上に連れていかなくてはならない。気持ちを落ち着かせながら、待っているうちに、日没となった。

「じゃあ、おふたり、お願いします」

背中を押され、我々は赤い吊り橋を渡りはじめた。

相変わらず、橋桁は木のままだった。

Mさんは、日の落ちた暗いダム湖に怯えて、私にしがみつくように歩く。やがて、橋の真ん中辺りまで来たところで、六年前にあったできごとを彼女に伝えた。

「前にロケで来たとき、ちょうどこのあたりで水面から声が聞こえたんです」

「やめてくださいよ」

そのとき、橋桁の隙間から「はーい」と返事が聞こえた。

Mさんは絶叫して、私の着物の裾を掴《つか》んで引っぱった。私はつんのめりそうになり、橋の上でもみくちゃになった。なんとか体勢を整えて、ふたり揃ってダッシュでトンネルに戻った。

きっと撮れ高は、足りていなかっただろう。

それでもこれ以上は怖くてあの場所にはいられなかった。

トンネル内ではスタッフさんたちとタニシさんが待っていた。

悲鳴をあげながら戻ってくる我々に対し、当然「どうしたの？」と聞かれるだろうと想像していたのだが、皆、きょとんとしている。逆にどうしたのかとこちらが聞くと、思いもよらぬことを言われた。

私たちが橋を渡っている間、トンネル内ではカメラは回しつつ、全員黙って待機していた。ところが、誰かがブツブツと話しだした。スタッフのひとりが「誰かしゃべりました？」と聞いたがその場にいた全員が首を横にふった。タニシさんもその声を聞いており、トンネル内で「誰かいますか？」そう聞くと、

「いるよ――」

返事が聞こえたそうだ。その直後、橋で我々が絶叫し走って戻ってきたということだった。

橋の上で聞いた声は、残念ながら録れていなかったが、トンネル内での「いるよ」は、かすかだが入っていて、テレビでオンエアされた。


金山ダムは自殺の名所で、若い女性の幽霊が現れる噂や声が聞こえることで有名だと前述したが、以下の話も無視するわけにはいかないだろう。

先に、ひとつめのトンネルの入り口に金山城址という石碑が建っていると書いたが、金山ダム堰堤《えんてい》の北西方向の山の上にはかつて、金山城が建っていた。

トンネルの前に建つ石碑の左手の道を進み、金山川を渡り、さらに住宅地の脇を通って山道を上っていくと、城址はある。

詳しい資料は見つかっていないが、伝承などによると、室町時代の豪族、東条常政《とうじょうつねまさ》の居城だったといわれている。

里見義実《さとみよしざね》が落城させ、常政は討ち死にし、義実は安房を平定させた。

城のそばには、里見義実に攻め滅ぼされた東条常政の郎党《ろうとう》が身を投げたという「長九郎滝」と「長狭九郎滝」があったそうだが、現在は水没していると考えられている。

金山ダムでの撮影で……

ダムの水面には、のぞき込むと無数の顔が浮かび上がるといわれているが、水の中からこちらを見ているのは、赤い吊り橋から飛び降りた自殺者たちだけではないのかもしれない。

九十九里のビーチ

ある夏、その男性は早朝から九十九里浜《くじゅうくりはま》でサーフィンをしていた。何度か波に乗っていると、夏休み前にもかかわらず、浜辺には徐々にひとが集まってきた。カップルや家族連れもいる。

そろそろきり上げようと浜へ戻ろうとすると、後ろの方でゴムボートに乗った数人のこどもが、手をふっているのが見えた。

浜辺にいる家族に見てもらいたいのだろうか。微笑《ほほえ》ましく感じたが、耳を澄ませば「助けて」と叫んでいる。そこまで沖というわけでもないし、ふざけているのかとも思ったが、どうやら違うようだ。「お母さん、お母さん」と助けを求めていた。

男性はこどもたちのところまで行き、どうしたかと問うと「ボートが動かない」と言う。みんな真っ青な顔でガタガタ震えていた。

男性がボートを押せば、すんなりと動いた。

「なんだ。動くじゃないか。もうだいじょうぶだよ」

「さっきは全然動かなかったんだよ、なあ」

こどもたちは顔を見合わせる。

ふと見れば、ボートの側面に、ロープが付いている。これになにかが引っかかったのだろうか。水中から引き上げると、長い髪の毛の束がごっそりと絡《から》みついていた。

「気持ち悪……」

髪を取って少し離れた水面に放り投げた。するとそこに女の顔がある。

顔は、髪の毛と共に、ぽちゃんと水の中に沈んで——消えたそうだ。

工場の中の城

これは、私の母の姉である、たけこ伯母さんの話だ。

私がこどもの頃、田舎で祖母が怖い話をしてくれたことをよく覚えている。家の中で実際に起こった怪異などを、おとなたちは食卓で語っていた。

伯母は無口でふだんはあまり自分の話をしたがらなかったのだが、祖母からは伯母の不可思議な体験を聞かされていた。

怪談を蒐集《しゅうしゅう》するようになってから伯母に「なにか怖い話はない？」と聞いても、それには答えずにニコニコ笑うばかりだった。

すっかり諦めかけたところ「ふたりだけのときにになら話してもいいよ」と言ってくれたので、さっそく聞いてみたのが以下だ。

長野県から千葉に越してきて、二十六歳のときに八日市場市《ようかいちば》（現・匝瑳市《そうさ》）にあった工場に就職したんだ。そこが少し変わってたんだ。変な会社だったなあ。

電子部品を製造する会社で、当時は手作業で作ってたんだ。大きな会社で従業員は百五十人くらい、いたんじゃないかな。よく働いたなあ。毎日コツコツよくやった。十六年いたっけか。

毎日朝礼があって、グループを作ってアイデアを出し合うんだ。そこで話したことを書記がノートに記録してな。書記は毎日交代で順番に回ってくるんだ。

あれは、いつだったかなあ。入社してずいぶん経ってから、書記の当番が回ってきて、会議が始まったら、急に頭が痛くなって。ガンガンガン痛むんだ。でな、どこからかわからねえんだけど、突風が吹いて、持っていたノートがバタバタ音を立ててページがめくれていくんだ。部屋の中にいるのに、びっくりしたど。大事なノートだから、飛ばされないように一生懸命押さえた。

そうしたら、あれだ。みーんなこっち見てるの。変な顔して。おかしいなあと思ったら、風が吹いてんの、おばちゃんのところだけ。

「やだ、たけこさん、なにそれ？」って言われても、わからねえもん。どんどん風が強くなって。ゴオーッてすごい音が鳴るんだ。みんな、気味悪がってたな。でも、大事なノートだろう。飛ばされないようにしっかり持ってたわ。チャイムが鳴ったら、みんな作業場にいって、結局会議どころじゃなくなったな、あの日は。

変な会社だったんだ。前から。工場の中に、石を積んだような高い高い塀があって、川が流れてるところもあった。橋もあった。電子部品の会社なのに、古い城みたいな造りなんだ。

作業場へ行くときも水堀があって、そこに架かってる橋を渡っていくんだ。変だろう。昼のチャイムが鳴って休憩を取ろうとしたら、従業員たちがゾロゾロきたんだ。

「たけこさんは、霊感があるの？　幽霊が見えるの？」

「見えるっていうわけでもないけど」

「だって、おかしいじゃない。朝のあれはなに？　どうしてあなたの周りだけ風が吹くの？　これまでだって不思議なひとだと思うことがいっぱいあったけど、今日は言わせてもらうわ。あなた、なんなの？」

「なんなのと言われても。お城の中にいるんだから仕方ないでしょう」

そう言ったらみんなポカンとしてな。だから、この工場の造りが変だよなって話をしたんだ。そうしたら、そんなものは一切ないって言うんだ。「たけこさんにしか見えてないわよ。城なんかないわよ」って。

ずうっと城の中で働いてて、見慣れた景色だから誰になにかを言ったりしたことはなかったんだけどな、言われてみれば確かに工場の中に城があるなんて、おかしいもんな。

その後、数年そこで働いて結局十六年いたな。よく働いた。こんな話、怖くもなんともねえな。

この話を聞いたのは、六年前だ。そのときは「へえ。そんな体験をしたんだね」と答えたのだが、今回、千葉の怪談を執筆するにあたり、調べてみると、八日市場市にはかつて八日市場城が建っていた。

勤めていた会社がどのあたりだったのか、伯母が亡くなる前に聞かなかったことが悔やまれる。

鴨川の宿

大輔さんは二十五歳のとき、つき合いはじめたばかりの彼女と千葉まで旅行することにした。

海が見たいという彼女の希望で、鴨川市の海沿いにあるホテルを選んで予約を入れた。

コンドミニアム型で、住居用の賃貸部屋もある大型のホテルだ。

初めての泊まりデートということもあり、奮発して料金の高い部屋を取った。

扉を開けて中に入ると想像以上に広い。備え付けの家具もラグジュアリーだ。

突き当たりに大きな窓があり、カーテンを開けると海が一望できた。

天気も良く最高の景色で、大輔さんは思わず「わあ、すごい」と声を漏らす。

右隣にいた彼女もつられて「そうだね」と答えた。

それに続き、左隣からも「ほんとね」と返事があった。

大輔さんと彼女は揃って左に首を向けた。五十代くらいの着物を着た芸者風の女性がいる。

「うわっ」大輔さんと彼女は反射的に床に尻餅《しりもち》をついた。

顔を見合わせてもう一度見ると、もういなかった。

大輔さんが茫然《ぼうぜん》としながら「今の……」とつぶやくと、それを遮《さえぎ》るように彼女は、

「夕ご飯、楽しみだね！」

立ち上がって手招きをした。

なんとなく今見たことには触れてはいけないような気がして、大輔さんは「そうだね」と引きつった笑顔で答えた。

その後は、何事もなかったように夕食を食べ、温泉に浸《つ》かって、布団に入る頃にはあのことはすっかり忘れていた。夜中も、とくになにも起こらなかった――はずだ。

翌日は早く起きて風呂に入り、朝食を食べて帰り支度を始めた。

チェックアウトの五分前には部屋を出る準備が整った。

「お世話になりました」

ふたり揃って廊下に出て、ノブに手をかけドアを閉めようとしたときだった。

「またお待ちしております」

艶《つや》のある声が部屋の中から聞こえてきた。

ドアが閉まるその一瞬、真っ白な腕がにゅうっと伸びてきた。

館山市Ｆホテルのそばで

宿がらみの話でもうひとつ。

同じくオーシャンビューのホテルだが、こちらは館山《たてやま》市のホテルだ。

島田秀平さんのＹｏｕＴｕｂｅチャンネル「お怪談巡り」に出演させてもらったあと、視聴者の方からメールが届いた。さっそくアポをとって電話でお話を伺うことにした。

「あなたのＴｗｉｔｔｅｒで千葉の怪談を募集していると書いてあったのを見て、急に思い出したことがあります」

そう前置きしてからこんな話を聞かせてくれた。

今から二十年前の夏、まだ二十代だった野田さんは、当時交際していた彼女と旅行の計画を立てることにした。

交際一年記念日をお祝いするためだった。

彼女は、野田さんの行きたいところであればどこでも良いと言うので、こどもの頃、一年ほど住んでいたことのある、館山市を行き先に選んだ。

東京都内から館山までは電車だと乗り換えも多く、三時間近くはかかってしまう。JR千葉駅から木更津《きさらづ》駅あたりまでは電車の本数も多いが、木更津から先の内房線は一時間に一本くらいしかないので、かなり不便だ。

彼女と相談して新宿駅からバスに乗ることにした。

バスで館山駅まで行き、そこからまたバスに乗り換えてホテルに向かう。

現在は新宿高速バスターミナル「バスタ新宿」が開業したので、ホテル前までバスで直通で行けるようになり、かなり便利になったが、当時は乗り換えが必要だった。

チェックインして鍵を受け取ると、フロント係が、

「夕食は六時からです。お部屋でゆっくりお寛《くつろ》ぎいただくか、海が近いのでお散歩もお勧めです」

そう案内してくれたので、部屋に荷物を置いてから、海へ出かけることにした。

説明だと歩いて三分ほどだと聞いていたので、ホテル前の看板の地図を見て歩きだした。道なりに行けば着くようだ。

午後三時過ぎではあったが、まだ真夏の盛りで日は高い。

そこらじゅうで蝉《せみ》が大合唱をくり広げている。額から噴き出る汗を拭《ぬぐ》いながら歩く。

「野田君」

後ろを歩く彼女に呼び止められてふり向いた。

「まだ？」

確かホテルから歩いて三分ほどで着くと聞いていた。

気がつけば、なぜが林の中にいた。もうずいぶんと歩いてきたようだ。

看板の地図通りに歩いてきたはずだったが――。

「もう少し行ってみよう」

彼女をうまくエスコートできない自分に少し焦りつつ、この先きっと誰かいるだろう、聞いてみればいいやと、さらに進んでいった。

しばらく行くと、川が見えてきた。用水路のような小さな川だ。そこに橋がかかっている。その先は雑木林《ぞうきばやし》のようになっていた。

橋の上から川をのぞいてみると、浅瀬に蟹《かに》がいる。

「あ、蟹がいるよ」

野田さんが指さすと、彼女も「ここにもいるよ」と無邪気に笑った。

しばらく橋の上から蟹の観察をして、向こう岸へ渡った。

前述したとおり、この先は雑木林だ。

林の中に入ると、古い蔵のようなものが何棟も建っていて、ところどころに真っ白な旗が地面に刺さっている。

どこからか、祭囃子《まつりばやし》のような音が聞こえてきた。笛、太鼓、鼓《つづみ》——心地よい音色だ。

祭りの練習でもしているのだろうか。誰かいれば、海までの道のりを聞こう。

音のする方へ耳をそばだてる。お囃子の音は近くから聞こえる。

ところが、いくら探しても音の出どころがわからない。ひとの気配もまったくしない。

「どなたかいませんか」

雑木林の中、野田さんの声だけが響き渡る。

ふと気づけば、先ほどまであれだけやかましく鳴いていた蝉の声は、いつの間にか消えていた。なんとなくここにいてはいけないような気がして、元の橋の方へ戻ることにした。

彼女には良いところを見せたい。道がわからないなど口が裂けても言いたくなかった。

野田さんは気を紛《まぎ》らわせようと、

「ジブリの世界みたいだね。田舎はいいよ、やっぱり」

おどけた風を演じながら出口を探す。ところが、どんなに歩いても橋にたどり着かない。

お囃子の音は、こだまするように響き渡っている。やはりひとの気配はまるでない。

足の豆が潰れて痛みが走る。サンダルを脱いで顔を上げると、先ほど渡ってきた橋に戻ってきていた。

「おおっ、さっきのところだ」

野田さんは欄干《らんかん》に手をかけると川をのぞき込んだ。

彼女を安心させるためにも、また蟹がいないか探そうと考えた。

すると、川上から何かがこちらに向かって流れてくるのが目に入った。

なんだろうと目を凝らして見ると、水中から白いひとの手が浮かんでいて、ゆっくり流されてくる。手はプカプカと浮いたり沈んだりしている。

「誰か溺れてる！　助けなきゃ！」

野田さんは咄嗟《とっさ》に川へ飛び込もうとした。すると後ろから腕を掴まれた。

「ダメ！　もう行こう」

彼女が肩を震わせながら静止する。

「なんで？　助けないと」

「ダメ！　こっちだから！　こっちへ来て！」

今まで穏やかで優しかった彼女が、見たこともないような怒りの表情で、野田さんの腕を引っ張ってくる。その剣幕に圧倒されて、言われるがまま、彼女についていくことにした。

「なんで？　どうしてダメなの？　見捨てたらマズいって」

歩きながら聞いても彼女は「今は言えない」とだけ答えて先を行ってしまう。

半ば小走りで彼女についていくと、すんなり元のホテルの前に着いてしまった。

部屋に戻る間も彼女は無言だった。なにか気に障るようなことを言ってしまったか、頼りない自分に呆れてしまったのか、あれこれ考えた。せっかく旅行へ来たのに、このままだとかなり気まずい。ベッドに腰を下ろした彼女にもう一度聞くと、

「野田君、あの橋に行ったときから急にひとりでなにかしゃべりだしたでしょう？　蟹がいるって言うから私ものぞいてみたら、猫の死体があったじゃない」

「猫の死体？」

「そうよ。その死体を見て、野田君、突然ゲラゲラ笑いだしたかと思うと『蟹がいる』って。あのとき返事したの、私じゃないからね。私じゃない誰かが『うん、うん』て返事してたんだよ。そしたら突然林の中へ走って行っちゃって。帰ってきたと思ったら猫の死体を指さして誰か溺れてるって飛び込もうとして。もう怖くてたまらなかった。野田君、だいじょうぶ？」

自分が見たのは人間の手だったはずだ。

まだ生きていて助けを求めるように水面から出たり入ったりしていたのに――。

彼女の話では、ひとの姿などなく、あったのは猫の死体だった。

猫は、川の水にさらされ、その躰には五十匹ほどの蟹が群がっていて、グズグズになっていたそうだ。

野田さんはその猫の死体を指さし、ひとが溺れているから助けなきゃとしきりに叫んでいたという。

目的の海は目と鼻の先にあったが、なぜかたどり着くことができず、偶然行きついたのは、蟹田川という名の川だった。

見えますように

館山市に住む善行さんから「まるで嘘みたいなことなんですけど」と、こんな話を聞かせていただいた。

彼がまだ小学生だった頃、テレビ番組で心霊の特集が放送されていたのを観ていると、祖母から突然こんなことを言われたという。

「お前のひいおばあちゃんは、拝み屋だったんだよ」

まだこどもだった善行さんは、心霊番組を観ることは好きだったが「拝み屋」という言葉の意味をよくわかっていなかったし、特に興味もなかった。

詳しいことは聞けずじまいで祖母は他界してしまった。

おとなになってからも相変わらず心霊番組は好きで、いつか自分もそんな怖い体験がしてみたいと常々思っていたそうだ。

ある日、たまたま読んだ本に「拝み屋」の文字を見つけた。こどもの頃に祖母が言っていたことを思い出し、母親に尋ねてみたが、詳しいことは知らないとのことだった。どうしても幽霊が見てみたいと考えた善行さんは、家から自転車に乗ると、南房総市の、とある山の中へ入っていった。ここになにがあるわけでもない。なんとなくたどり着いた山だった。

適当なところに自転車を停めて、草木をかき分けて、あてもなく歩き続けると、途中で崩れかかった小さな社《やしろ》を見つけた。もう長い間、誰にも手入れはされていないことは容易に想像できた。彼はその社の前にしゃがみ込み手を合わせると、

「幽霊が見えますように」

そうつぶやいた。なんとなく、それで満足して帰ろうと立ち上がりふり向くと、大勢のひとがこちらを見ている。

勝手にここへ来たことに腹を立てた近隣住民かと一瞬は思ったが明らかに様子がおかしい。中には空中から逆さまにぶら下がってこちらを見ているこどもまでいた。

「わっ」と悲鳴を上げて、転げるように山を下り、家に帰った。

帰宅後、母親に山での話をすると、

「そうなることは決まっていたんだから諦めなさい。これからは見えても見えないふりを続けなさい。あんたも、あんたの父親も、お兄ちゃんも、みんなそうなんだから」

一切否定せずにそう言われたという。

社のあった山と場所を聞いてみた。

「本当になんでもないただの普通の山なんです。でも、まったく場所が思い出せないんですよ。あそこへ行かなきゃ、後悔することもなかったんですけどね」

その後、様々なものが見えるようになり、あのとき社へ手を合わせた自分を責めたこともあったが、現在ではすっかり慣れてしまったそうだ。

遠距離恋愛

単なる気のせいか、あるいは病気なのではないかと自分を疑った善行さんだったが、南房総市のとある山の中にあった社に願った日から、見えないはずのものが見えるようになった。

それは「幽霊」だとされるものだけではなく、ときには知りたくもないことがわかってしまうこともあったそうだ。


これは彼が二十八歳の頃なので、今から二十年ほど前のことになる。

電子掲示板で出会った女性と意気投合し、交際することになった。

彼が住んでいるのは千葉県の館山市で、彼女は北海道の札幌市に家族と住んでいたので、遠距離恋愛だった。

毎日のように電話をして、住む場所は離れていても心の距離は徐々に縮まっていった。

初めて直接会ったのは東京だった。互いの友人も連れてのダブルデートをして、ふたりの仲はさらに深まっていった。

交際が始まって二年が経つと電話の回数は以前よりも減ってしまったが、夜眠る前に近況報告をするなどして、善行さんはまた彼女と会える日を心待ちにしていた。

仕事が休みの日曜日の夕方。急に彼女の声が聞きたくなった。

なぜか胸騒ぎがする。

「電話は寝る前に」というルールを決めていたのだが、休日だし彼女も家にいるだろう、喜んでくれるだろうと、かけてみた。

電話口で彼女は「どうしたの、急に?」と言いつつも嬉しそうだった。

他愛もない会話をしていると、善行さんの脳裏に、あるマンションの外観が浮かんだ。一度も行ったことはないが、おそらく彼女の住んでいる場所だと感じた。

「マンションの二階に住んでるよね。入り口はエントランスがあってそこには窓ガラスがはまっているね、寒いからかな。そうそう、それで階段を上っていって、二階が君の家で、玄関を開けるとフローリングの廊下があって、一番奥が居間と……それからお兄さんの部屋があって台所があるね。それでトイレがその廊下の途中にひとつあって、ユニットバスだよね。そのトイレの真向かいに君の部屋があるね」

次から次に頭に映像が浮かんでくる。彼女は驚いたようだった。

「うん。ある。善行君、すごい!」

「四畳半で、壁際に布団を敷いて眠っているよね」

「うんうん」

「足元にはクローゼットがあって、収納がある。なぜか頭の方には空間があって、四角いものと、ちょっと大きな箱みたいなものが見えるんだけど、それは、なに?」

「MDとMDコンポかな」

「ああ、なるほど。そうかもしれない」

まるで絵のように、頭の中に彼女の家の間取りが浮かんでくる。それと同時に、胸がざわざわとしだした。

「それで今、君は布団の前に座っているんだよね。ひとりだよね」

「ひとりだよ。なんで? ちょっと気持ち悪いんだけど。なんでそんなにわかるの? 見えるの? すごいねー」

「なんとなく、頭に浮かぶんだ」

「へえ。すごいね。ほかに、なにか見える？」

「うん。座っている君の隣の男は、誰だい？」

誰かいる。彼女の隣に男がいるのが見えた。幽霊だろうか。

そこまではよくわからない。見えたままを伝えると、彼女はブチっと、電話を切ってしまった。

なぜ急に切られたのだろう。正直に答えたのに。

後日、何事もなかったように彼女から電話があった。「家に遊びにおいで」と言う。

千歳空港に到着すると、彼女が「私のともだちが運転してくれるから」と男性を紹介された。

マンションに到着すると、以前脳裏に浮かんだ間取りとまったく同じだった。

部屋に入り、彼女が布団に腰を下ろす。男ともだちがその隣に座った。

あの日見たのは幽霊ではなかった。今目の前にいる、彼女の浮気相手だった。

その後、彼女と会わなくなったのは言うまでもない。

廃屋の真実

善行さんは現在、館山市正木《まさき》にある一軒家で妻とふたりで暮らしている。周りは田畑の広がる、のどかで静かな場所だ。近所づき合いもほとんどない。

家から十メートルほど離れた場所に建つ民家には家族が住んでいたようだが、いつの間にかいなくなっていた。八年くらい前まではいたように記憶していたが、今は空き家のままだ。

以前その民家の前を通りかかったとき、汚いモップのような物が飛び出してきたことがあった。驚いて避けると犬だった。確か、この家で飼われていたヨークシャテリアではなかったか。かわいそうに、連れて行ってもらえなかったのだろう。ひと目では犬とは思えないほどに汚れていた。空き家になったこの家を塒《ねぐら》にし、蛙《かえる》や蛇を捕まえて食べているようだった。犬は一年ほど経つと、ぱったりと見かけなくなった。きっと、死んでしまったのだろう。

ある秋の未明のこと。パトカーのサイレンの音で善行さんは目が覚めた。

窓の外がパトランプで赤く染まっている。何事かと表に出ると、警官たちがあの空き家へ次々に入っていく。

「なにかあったんですか」

そばにいた警官を引き留めて訊いてみたが「お察しください」と言って走り去っていった。

気になった善行さんは空き家へ向かった。徐々にパトカーの台数が増えていく。

空き家の前では規制線が張られているところだった。それを見ていると、目の前が急に真っ暗になった。脳内に、部屋の間取りが浮かぶ。荒れ果てた部屋の中、仏間の前に親子がいる。

幼い女の子の顔を中年の男性が塞《ふさ》ぎ、女性が目を背《そむ》けながら足を押さえつけていた。

女の子は苦しがって男の腕を引っ掻いている。

まるで絵のようにそんな光景が浮かんだ。

「近づかないでください」

警官の声で善行さんは我に返った。ここで、とんでもないことが起こった。

震える足で帰宅すると、目を覚ました妻がニュースを見ているところだった。

「家が映っているよ。事件みたい」

自分の住む家の目と鼻の先にある空き家でのニュースが流れていた。

のちに、あまりにも悲しい殺人事件が起こったことがわかった。

幼いこどもを殺害したのは実の両親だった。

両親は膨大な借金を抱え、家賃をはじめとする光熱費など、生活に必要な支払いのすべてが滞っていた。

もともと、この空き家は夫の実家だったらしい。思い出のある、しかも、誰の目にも触れない静かな場所で死のうと無理心中を図ろうとしたらしい。

家族は住んでいた家からかなりの距離を歩いて移動し、途中の駅からは、最後に残った数百円という金で電車に乗ると、事件現場となる空き家がある最寄り駅で下車した。

空き家に着くと、先にこどもを殺したあとで自分たちも死のうと考えた。

ところが、娘の苦しむ姿を見て死ぬことが怖くなった夫婦は、殺害後、公衆電話から自首の電話をかけた。

その後の新聞やニュースの情報で事件の内容を知った善行さんだったが、事件直後に脳内で見た状況がまるきり当たっていたことに自分自身でも驚いたという。

こんなことになるなら、未然に防ぐことができたのではないかと自分を責めもした。

事件後、一か月ほど経つと規制線が外され、以前のように空き家はひっそりと静まり返った。

こんなのどかな場所で、しかも自宅のすぐそばで起こった悲しい事件に、善行さんは心を痛めた。幼い女の子が気の毒でならない。

やがて、事件などなかったように以前と同じただの空き家となった。

善行さんは、建物の前に持ってきた皿を置くと線香を立てた。

「やっと静かになるのかな、可哀そうだね。家には猫ちゃんもいるからいつでも遊びにくればいいよ」

そうつぶやき、それきり事件の話は夫婦でもしなくなった。


事件から四か月が経ったある晩。

妻とリビングで炬燵にあたりながら食事をしていると庭で物音が聞こえてふたり揃っ

て箸《はし》を止めた。

「誰かきた？」

妻が立ち上がり掃き出しの窓を開ける。冷たい風が部屋の中に吹き込んできた。

「おかしいわね。誰もいないみたい」

妻が首を傾《かし》げ窓を閉めようとしたとき、暗い庭を枝や砂利を踏みしめる音が聞こえた。

懐中電灯で庭を照らしてみる。ポキポキと枝が折れ、なにかが移動している。

善行さんと妻は半纏《はんてん》を羽織りながら庭へ下りた。

音はしばらく鳴り続けて、いつの間にか聞こえなくなった。

翌朝目を覚ますと、妻が窓を指さした。

「遊びに来たみたいね」

窓のサッシのかなり上の部分に、小さなこどもの手形が付いていた。

「いつでも遊びにおいで」

善行さんはそういって微笑んだ。

うまんど

東京ではまず見かけることはないが、田舎の畑に行くと、堆肥《たいひ》場と呼ばれる所がある。生ゴミや畑で採れた野菜のいらない部分などを集積する場所だ。臭いを防ぐために、刈った草を上からかぶせ、一年ほど醗酵させると有機肥料となる。私の母の田舎では「肥《こや》し場」と呼んでいた。

長生郡長柄町刑部《ちょうせいぐんながらまちおさかべ》に住む橋本さんの家の前にも、そうした場所があった。ただし、このあたりでは堆肥場ではなく、なぜか「うまんど」と呼ばれていた。

食後、洗い物が終わるといつも祖母がボウルに野菜の切れ端を入れて、うまんどへ行っていたそうだ。何度か「私も行きたい」と伝えたが、その度祖母は表情を変え、

「お前は来ちゃだめだ」

そう言って、立ち入ることが禁止されていた。なぜだめなのか、その理由すら教えてもらえないまま祖母は他界してしまった。

祖母が亡くなったあと、橋本さんは父親になぜ自分は「うまんど」へ近づいてはいけないのか訊いてみると、こんなことを教えてくれたそうだ。

ずいぶん昔、橋本さんの家では、牛や馬といった家畜を使って畑を耕していた。堆肥場の生ゴミと家畜の糞尿を合わせれば、立派な肥料になるので先祖たちは家畜を大切に育てていた。

家畜が死んだあとは、その死骸もこの場に集めて肥料化していたことがあった。そのため、いつの頃からかこの堆肥場は「うまんど」と呼ばれるようになったという。

近くには沢が流れており、父は幼少期に「うまんど」へゴミ捨てに来た際、なにものかに足を引っ張られて、引きずり込まれそうになったことがあった。幸い大事には至らなかったが、それ以来祖母はこどもたちを近づけないよう努めていたそうだ。

橋本さんによると、死んだ家畜たちがこどもたちを沢へ引っ張ろうとしているのではないかということだったが、それだけではないような気がする。

地名に注目してほしい。

彼女の住む地区「刑部」は「刑」に「部」と書く。もともとこのあたりは、処刑場のあった場所とされている。別のなにかが、いるのかもしれない。

学校の怪談

前項の橋本さんが通っていた長柄町の某中学校で、現在も続いているできごとだという。

彼女が中学三年生になったある日。朝の全校集会で校長先生の話を聞いている最中のことだった。突然、女性の悲鳴が聞こえた。それは絶叫に近いのだが、なぜか耳元でボリュームを下げたテレビのような音だった。聞こえたというよりも、聞かされたという感じだ。周りを見渡しても、ほかの生徒は誰も反応していなかった。外にいる動物の声でも聞こえたのだろうと自分に言い聞かせ、そのことについて誰にも言わなかった。

それから三日後の朝礼で、担任の教師が唐突に「この学校は、幽霊が出るのよね」そう言うと、何事もなかったように朝礼をはじめたという。

のちに別の教師からも、残業中に女性の悲鳴や、階段を駆け上がってくる靴音が聞こえることが度々あると聞いた。

また、同校の音楽室では別の話もある。

真夏の放課後、吹奏楽部の生徒が音楽室に入ると、中が異様に寒い。まるで冷凍庫の中にいるような寒さだった。

生徒たちは口々に「冷房がついていたのかな」「なんでだろう」と話しながら準備に取りかかる。そして、打楽器が保管されている隣の倉庫の扉を開けると、見知らぬ男性が正座していた。新しい教師なのかと「こんにちは」と挨拶をしたところ、男性は生徒の前で煙のように消えたという。

以降、この中学校の音楽室には、下駄箱の上に盛り塩がされるようになり、それは今も続いているそうだ。

仏間の襖

高校生になった橋本さんはその日、震えながら家で留守番をしていた。

両親とも仕事で帰りが遅くなると聞いていた。

最近、家鳴りが激しい。築三十年とはいえ、単に木がきしんでいるだけとは思えないほど大きく、頻繁《ひんぱん》に聞こえる。

用意されていた夕ご飯を食べて早めに風呂に入っていると、リビングの方でバタバタと足音が聞こえた。

(ああ、良かった。ママが帰ってきたんだ)

安心して、風呂から出るとタオルで髪の毛を拭《ふ》きながらリビングの扉を開けた。

「ママ、おかえり」

そこに母の姿はなかった。

家中に聞こえるほどの声で何度も母を呼んだが返事はない。

橋本さんは二階の自室に駆け込むと布団を被《かぶ》った。

早く帰ってきてほしいと願いながら。

すると、一階の和室の襖《ふすま》になにかが当たる音がした。ちょうど橋本さんの部屋の真下が和室にあたる。

襖になにかが当たる鈍い音がくり返し聞こえてくる。

たまりかねた橋本さんは、修学旅行で購入した木刀を手に一階へ下りると、ほんの少し襖を開けて、躰を横にすべらせるように中に入った。

「誰だ！　ここにいるのは誰だ！」

木刀を構えて身構えると、背後で鈍い音がした。

ふり向くと、自分が入った細い襖の間から、亡くなった祖母が入ってきた。

「え？　おばあちゃん？」

祖母の肩が襖に当たって鈍い音を立てた。祖母は、茫然とする橋本さんの目の前を通ると、仏壇の中へ消えていった。

思い返してみると、生前も祖母は襖を開けることを面倒がって、狭い隙間を通るときによく肩をぶつけていた。

祖母の姿を見たのはそれきりだったが、その後も橋本さんの家では今も家鳴りや物音が頻繁に聞こえているそうだ。

祖父の行方

「祖父のことでお話ししたいことがあります」

袖ケ浦《そでがうら》市にお住まいの与田さんという方からメールが届いた。

彼女は最近、インターネットで怪談番組を観るようになったそうだ。いくつかの話を聞いているうちに、祖父のことを思い出したという。


彼女が高校生になった頃、同居していた祖父に認知症の症状がではじめた。

生活の大半を祖母がサポートしていたが、家族で、できる限りのことをしていた。

ある冬の晩、家族が寝静まってからリビングでテレビを観ていると、電話が鳴った。

すでに十一時を過ぎている。

(こんな時間に誰だろう)

受話器を上げると、近所の床屋の主人だ。

「今、お宅のじいさんが来てるけど、迎えに来てくれるか？」

祖父は隣の部屋で眠っているはずだ。まさか目を離した隙に、出て行ってしまったのだろうか。慌てて見に行くと、いびきをかいて眠っている。

「家で寝てますよ」

「いや、そんなはずはないよ。今、目の前にいるんだ」

人違いではないかと指摘したが、床屋の主人の言う特徴は、祖父そのものだ。それに彼らはつき合いが長い。


この床屋は自宅で個人経営をしていて、一階が店舗、二階が住まいになっている。主人の話によると、夜七時に閉店し、片づけを終えて自室に上がった。田舎の小さな店ではあるが、近所の常連客が多く、明日も忙しくなりそうだから早めに床につくことにした。ところが、いつもならすぐに夢の中なのに、どうも寝つけない。目を閉じて、すとんと眠りに落ちることを期待していたのだが、どうしたってだめだ。どうせ眠れないのなら、店内の掃除をしようと一階へ下りた。

店内は窓から差し込む月明かりで薄っすらと明るくなっていた。

（今夜は満月か）

表に出て月を見ようと出入り口の扉に手をかけたところで主人は小さく悲鳴を上げた。扉の外に、与田のじいさんが、こちらを向いて立っている。

いつからいたのかはわからない。

認知症を患っていることは知っているが、あまりにも突然だったので驚いた。扉を開けて「こんな時間にどうした？」と尋ねてみたが、返事をせずにただボーっと立っている。気温が下がって外は冷え込んできたが、かなりの薄着だ。

「そんなところにいたら、寒ぃっぺ。とりあえず中へ入ったら」

店の中へ入るよう促《うなが》したが、返事もせず動こうともしない。自分ではどうすることもできないから家族に迎えに来てもらおうと電話をかけたのだという。

「来てもらうまでは見てるからよう、なるべく早く来てやってよ。おうい、じいさん、寒いからよう、中、入んなって。風邪ひいたらおいねえよ。あれ？」

電話の向こうで、床屋の主人は誰かに話しかけていたが、ごとんと受話器を置く音が聞こえた。数分後、再び受話器を手にした主人は「じいさんが目の前で消えた」と言う。

電話を切ってから寝ていた母親を起こし、そのことを伝えたが、結局、床屋の勘違いだろうと判断し、与田さんも自室へ入って眠りについた。

「ちょっと起きて」

翌朝早く、祖母に揺り起こされて目が覚めた。いつもは穏やかな祖母が、青い顔をしている。

「どうしたの？　まだ四時だよ」

眠くて眼をこすっていると「おじいちゃんがいない」と言う。

枕元には「とこや」とメモ紙が置かれていた。

認知症になってから、これまでも何度かひとりで家を出て行っては近所の住人や警察の世話になることがあった。ほとんどの場合は知り合いの家か行きつけの店、公園にいることが多く、さほど遠くに行くことはなかった。

「わかった。一緒に捜しにいこう」

コートを羽織ると、祖母は「厭《いや》な予感がする。もう帰ってこないよ」とつぶやいた。

家族総出で近隣を捜し、警察へも連絡したが、祖父はそれきり二度と帰ってくることはなかった。

地元の警察による捜索も行われたが行方はわからず、生死もわからぬまま五年という月日が経った。

「遺体が見つからないと、お葬式も出せないんですよ。どんな感情でいたら良いのか、わからなくなっちゃいました。気がつけば私も社会人です」

「ご家族みんな、辛いですね」

「はい。特に祖母がかわいそうで。ところが、祖父がいなくなってしばらくして、会社で変な噂を耳にしたんです」

「噂ですか。どんなものでしょうか」

「自宅からそう遠くない林の中の土地で、地盤調査をしている会社があるんです。詳しいことは、わからないんですけど、測量とかなにかそんなことをやっているみたいだったんです。でも――」

業者が次々に代わるのだという。

作業中に、なぜか怪我人が続出する。不自然に足が折れたり、突然、刃物のような物で切られたように出血をする作業員がでるというのだ。

その業者は気味悪がって撤退し、別の業者が入り、再度調査がはじまった。

ところが、またも同じように怪我人がでて、その業者も撤退。さすがにこの土地はよくない、なにかあるのではないかと、三番目の業者は地元の寺の住職にお祓いを依頼してから作業にとりかかった。

その後、お祓いの効果があったからなのか、順調に作業は進んだのだが、ある日こんなことがあった。

昼休憩で作業員が倒木に腰を下ろして弁当包みを解いた。この木はなんとなく座り心地がよく、最近毎日ここで休憩をしていた。弁当箱の蓋を開けたタイミングで、箸が地面に落ちてしまった。

「クソッ」

舌打ちしながら手を伸ばす。箸の横のものを見た作業員は木から転げ落ちた。

頭蓋骨がある。

大きさや形から見て明らかに人間のものだ。毎日ここで弁当を食べ、周りにもほかの作業員はいるのに、今の今まで頭蓋骨の存在にまったく気がついていなかった。

すぐに警察に通報をしたそうだ。

頭蓋骨のそばには、ほかの部位の骨も散らばっており、ボロボロになった衣類が、まとわりついていた。何年も前からそこにあったのだろう。

「それが、うちのおじいちゃんだったです。残されていた服のかけらと歯型の鑑定でわかったんですよ」

与田さんの祖父の遺骨が発見されたのは自宅から五キロと離れていない蔵波子者清水《くらなみこわしみず》の林の中だった。ぬかるみもあり、ふだんは立ち入り禁止区域になっている場所だった。

祖父の遺体が発見されてからは、その雑木林での怪我の話は一切耳にしなくなったそうだ。

プリンセスのドレス

ある晩、幼稚園児の娘が「ママ」と扉を開けて寝室へ入ってきた。

瞼《まぶた》をこすりながら、壁掛け時計を見ると、深夜一時を過ぎている。

「どうしたの？」

怖い夢でも見たのと聞くと、タンスの上の箱を指さして「あれが見たいから出して」と言う。

箱の中には、娘が一番好きなプリンセスのドレスが入っている。

今度のクリスマスに、そのドレスを着て浦安《うらやす》市のディズニーランドへ行く予定だ。

それまでは楽しみに仕舞っておく約束をしていたのに、なぜこんな真夜中に――。

疑問に感じたが、眠気もあり、箱から出して手に載せてあげた。

娘はドレスを受け取ると「ありがとう」とすぐに出ていった。

母親はその背中を見届けると、布団にもぐり込んだ。

翌朝こども部屋をのぞくと、よほど気に入ったのか、娘はドレスを抱いてスヤスヤと眠っていた。

目を覚ました娘に「昨日の夜はどうして急にドレスが見たくなったの」と訊くと、知らない女の子に起こされたと答えたのだ。

いつからいたのかはわからない。同い年くらいの女の子が、枕元に座って「怖い顔」で見下ろしていたという。

名前を聞いても、どこから来たのか聞いても、何も答えようとせず、ただ怖い顔で睨《にら》みつけてくる。

質問に困った娘は「あなたの着ているお洋服可愛いね」と言うと、首を横にふった。

「じゃあ、私のドレス、見る？」

そう言ったとたん、女の子の表情はパッと明るくなった。

夜通し一緒にドレスを見つめていたのだと娘は眠そうに語った。

クリスマス当日。

あれほど楽しみにしていたドレスを娘は着なかった。

箱から出しても「いらない」とそっぽを向く。

誰が着たのかわからないドレス――リサイクル店で購入すべきでなかったと後悔したそうだ。

総武線

深井さんは、千葉県のとある会社で働くサラリーマンだ。

春に新入社員が数名入ってきたので、研修を担当することになった。

朝八時半から書類を使った説明会を行い、十時に休憩を入れた。

新入社員たちは理解も早い上に人懐っこく、深井さんも教え甲斐があった。

コーヒーをすすりながら、次の書類に目を通していると、新人のひとりがおもむろに、

「総武線の各駅停車の最終電車が怖いんですよ」

そう言いだした。

ＪＲ総武線は、千葉駅から東京方面を結ぶ鉄道路線である。快速列車は途中の錦糸町駅で分岐して東京駅へ向かうが、各駅停車は御茶ノ水駅でＪＲ中央線とつながっていて三鷹駅まで直通している。

怪談話が好きな深井さんは、新人の言葉に耳をそばだてた。その理由を聞きたかったからだ。

「各駅の区間も短いし、霊がたくさん乗ってきちゃうんでしょうね」

するとその話を聞いていた別の新人が、

「それ、マジですよ。ずいぶん前ですけど、ともだちと下りの最終電車に乗ったんです。その日、珍しく車内がガラガラで、座ろうとしたら、ツレがなぜか三つほど席を空けて座るんです。なんでだろうと思って横を見たら、空いた席の床に、足が見えたんですよ。三人分、透けていました。ふたり揃って悲鳴をあげて、慌てて隣の車両に移動しました。なんで三つ席を空けたのか聞いたら〝ひとが座っていたから隣に座らなかった〟って。本当に出ますね、下りの最終電車」

だから残業で終電に乗るようなことはしたくない、と新入社員はひきつった笑顔を見せたそうだ。


総武線について、同じ日に別の方からも連絡をいただいた。

こちらは総武線と言っても快速電車で、東京駅と千葉間を走る総武快速だ。

「早朝の下りの総武線は平日だとまだ乗客が少なくて、座席が半分以上空いています。今年の五月、東京駅から座って本を読んでいたんです。千葉県内に入ってしばらくして、足が疲れたから少しだけ膝を伸ばそうと前へスライドさせたら、つま先が、誰かの足に当たっちゃって。慌てて〝すいません！〟て引っ込めたら、誰もいなかったんですよ。普通に乗っているんですね、幽霊って」

どうやら、各駅、快速、時間等関係なく、総武線には目には見えない客がふつうに乗車しているようだ。

千城台公園の枝

六年ほど前、私が主催した怪談ライブに来てくれた黒田さんから聞いた話だ。

彼は小学二年生の頃、近所で子犬を拾った。

小雨の降る肌寒い日で、子犬は道ばたに放置されたダンボールの中で震えながらこちらを見上げていた。そのまま放っておくことはできなかった。抱き上げて羽織っていたシャツに包《くる》んで自宅に戻った。

「母親には怒られましたよ。飼えないから元に戻してきなさいって。ノミだらけですし。でも、ぼくが泣いて頼みこんだら、あんたが責任もって育てるのよって、許可してくれたんです。そのときはすごく嬉しかったんですけど……」

ライと名付けたその犬は、おとなしく利口だった。滅多に吠えることはないし、芸もすぐに覚えた。庭に建てた犬小屋で、ライはいつも散歩の時間を待っていた。

飼いはじめた当初は動物がいる環境が珍しいのと、可愛いのとで、朝夕の散歩は黒田さんが欠かさず行っていたのだが、まだこどもということもあり、飽きてしまった。

散歩のために朝早く起きるのも、夕方、ともだちとの遊びの時間をくり上げるのも、面倒になってしまったのだ。見かねた両親が小言を言いながら散歩に連れていく。

ライを飼いはじめて三か月ほど経ったある晩。テレビを観ていた黒田さんは、母親の怒鳴《どな》り声で飛び上がった。

「あんた、今日もライの散歩行ってないでしょ！　いい加減にしないと捨てるわよ」

既に夜八時を過ぎていた。ふだんは夕方五時前後が散歩の時間だったが、すっかり忘れていた。

慌てて庭へ行くと、ライは嬉しそうにしっぽを振っている。散歩を忘れられていたのにもかかわらず、黒田さんが来てくれたことが嬉しくて飛びついてきた。

「ごめんね、いつもよりたくさん歩こうね」

門から路地に出ると、黒田さんはライを連れて千城台《ちしろだい》公園へと向かった。

千城台公園は、千葉都市モノレール駅の終点、千城台駅から徒歩で十分ほどの場所にある。複合遊具や野球グラウンド、テニスコートもあるかなり大きな公園だ。

近くには学校があるので、黒田さんも、ともだちと一緒によくここへ来る。遊具を使って鬼ごっこをしたり、木登りをしたりと、夕方のチャイムが鳴るまで時間が経つのも忘れて遊ぶ。

夜になると一気に真っ暗になるので、日が沈む前には誰からともなく公園を出るのが暗黙のルールになっていた。だから遅い時間に行ったことはなかった。

その日は、ライに悪いことをしてしまったことと、母親から叱られたこともあり、いつもより長く散歩をしようと家を出てきた。

ライは、散歩を忘れられたことなど気にしていないようで、機嫌よくしっぽを振りながら地面のにおいを嗅いで歩いている。

ふだんこんな時間帯に出歩くことはない。せっかくだから思い切り遊ばせてあげよう。

住宅街をしばらく歩くと、公園が見えてきた。

人通りもまばらで、仕事帰りらしいサラリーマン風のおとな数人とすれ違っただけであたりは静かだ。通い慣れた場所ではあるが、少し心細くもあった。

公園を囲んで歩道があり、その周りは木々に覆《おお》われている。ともだちがいれば遊具で遊ぶのだが、このときは公園を囲む歩道を進むことにした。

一周もすれば、ライも満足してくれるだろう。しばらくすると、すり鉢状のカーブが見えてきた。

街灯が切れかかって、チカチカ音を立てている。その下を歩いていくと、少し先の地面に、太い木の枝のようなものが落ちているのが見えた。

目の前まで来ると（じゃまだな）と思い、黒田さんはその枝を思い切り蹴飛ばした――つもりだった。ところが、なぜか足が動かない。枝でなく、木の根だったのだろうか。足を引っかけたのかと思い、目線を下ろすと、なにかが自分の右足首を掴んでいる。

「うわっ」

点滅する街灯の下で見えたのは、ひとの手だ。地面から手が生えていて、黒田さんの足をしっかりと掴んでいる。

「やめてっ、助けて」

ふりほどこうとしても、できない。足首を掴むその手にさらに力が込められた。

体勢を崩した黒田さんは、転倒した。

そのとき、ライが突然吠え出した。ライは、地面から生えた手にうなり声をあげると、ガブリと噛みついた。地面の中からその手を引きぬこうと足を踏んばる。

牙は手にめり込んでいく。とたんに手は黒田さんの足首から離れ、するすると地面の中へ消えていった。

あたりは静寂に包まれた。

ライはしばらくの間、地面のにおいをクンクン嗅ぎまわっていたが、黒田さんのもとへ戻ってくると、頰《ほほ》をペロペロ舐めて何事もなかったように隣に座った。

手が消えていったところを何度も確認してみたが、そこには手も、枝すらも落ちていなかった。

「ふだんおとなしいライが、今まで見たこともないような剣幕で吠えて、手を追い払ってくれたんです。やっぱ犬って最高っすね」

そう言って黒田さんは意気揚々と帰っていった。

ちなみにライはずいぶんと長生きをしたそうで、黒田さんは今も大の犬好きだそうだ。

大房岬

南房総市富浦町《とみうらちょう》多田良《たたら》には、大房岬《たいぶさみさき》という名の岬がある。

東京湾の最南端にあたる洲崎《すのさき》から、対岸の三浦半島までを望め、海と森が楽しめる広い自然公園となっている。公園内にはキャンプ場や宿泊施設などもあり、年間を通して人々の憩いの場となっている。

公園をフィールドにした野外保育なども行われているようだ。

この岬には、太平洋戦争のときに東京湾防衛の砦《とりで》として造られた施設があり、軍事拠点として使用されていた歴史もある。現在も砲台跡や要塞が残されている。

大房岬は戦争遺跡ではあるが、心霊スポットとしても噂の絶えない場所だ。

私も以前、ロケで行ったことがある。

番組の意向もあり、ロケが敢行されたのは、秋の真夜中だった。

大房岬の要塞跡までの途中はキャンプ場になっていたが、シーズンオフのせいか、まったくひとの気配はなかった。

一キロほど歩いていくと、要塞の探照灯格納庫跡にたどり着いた。

山を掘って造られた要塞は、周りからは見えないように計算されているのだろう。

土の階段を下りていくと、トンネルがあるので中に進入することにした。

照明がなければ真っ暗だ。中に足を一歩踏み入れたときだった。

コツコツコツと奥から靴音が聞こえた。

私は下駄で、スタッフはスニーカーを履いていたのだが、聞こえるのは革靴のような音だった。

「誰かいますか」

声をかけてみたが、返事はない。

しばらく足音は聞こえたが、中を照らすと、静まり返り、誰の姿もそこにはなかった。

六年ほど前のできごとだ。

さて、この大房岬に関してのエピソードをふたつほど紹介したい。

一、林間学校の夜

南房総市に住む高田さんという方からTwitterにメッセージをいただいた。ちょうど取材で南房総市に行く予定があったので、直接会うことにした。喫茶店でお茶を飲みつつ、さっそくお話を伺った。


僕が小学生の頃、漁師だった祖父にこんな話を聞いたことがあったんです。

「大房岬には幽霊がいる。船を出していたら、岬から七つの火の玉が海を越えて飛んできたことがあった。七つは不吉だから、船を出していた仲間とすぐに逃げ帰ったよ」

だから、あの場所には気をつけろよ、と何度も言われていました。

祖父の話に震え上がったことをはっきりと覚えています。それなのに、小学六年生のときに林間学校の宿泊先が大房岬内にある少年自然の家が選ばれてしまったんです。驚きましたよ。勘弁してくれって。でも、学校の行事でしょ？　仕方なく行きました。

小学校からクラスメイトたちとバスに乗って向かいました。車内で先生の冗談話を聞いたり、みんなと歌を歌ったりしたりしているうちにね、祖父の話のことなどすっかり忘れていました。楽しくてね。単純ですよね、こどもって。

施設に到着して部屋に荷物を置いてから岬内を探検しました。浜辺を歩いたりして。夕方からは飯盒炊爨《はんごうすいさん》をして、一番楽しみだったキャンプファイヤーも経験しましたね。確か踊りも踊ったかな。

八時くらいにお風呂に入って、部屋に戻りました。それぞれの部屋には二段ベッドが設置されていて、じゃんけんをして好きな場所を選びました。六人部屋だったかなぁ。ピンと張られたシーツや枕カバーが気持ち良かったです。

消灯時間が来て、担任の先生の足音が遠ざかっていくのが聞こえて。みんな、もう寝るのかな、なんて思っていたら隣の部屋からボソボソなにかしゃべり声が聞こえてきました。（うるさいなぁ）と思っていたら、ほかのともだちも声に気がついて「誰だよ」「静かにしろよ」とつぶやいていましたね。そのうちに、隣の部屋からコンコンって、壁をノックしてきたんです。ちょうど僕がいたベッドの壁あたりからです。だからこっちも返しました。そうするとまた返ってくる。

「なんだ。あいつら。ずっとしゃべってるのかよ」

みんなでそんなことを話していると、部屋の扉が開いたんです。パチッと電気を点けられて。先生かと思って慌てて布団を被ったら、

「お前らうるさいよ、さっきから。疲れて眠いのに。先生に怒られるから静かに寝ろよ」

隣の部屋の子たちが、全員怒った表情で立っているんです。

「なに言ってるんだよ。お前らの方がうるさいぞ」

「ノックしてきたからノックを返したんだろ」

「は？　そっちが先にしてきたんだろ」

言い合いになりました。みんなお互いのせいにして。隣の部屋の奴らは、全員部屋の中に入ってきて、狭いスペースはぎゅうぎゅうになって押し問答になりました。そうしたらね、隣の部屋からノック音が聞こえてきたんです。互いに文句を言い合っていたのに、一瞬で静まり返りました。隣には誰もいないのに、ですよ？

隣の部屋のともだちは「一回帰るわ。誰もしゃべるなよ。静かにしてろよ」って、部屋を出ていきました。残された僕らが壁に耳を押し当てると、やっぱりボソボソと、しゃべり声が聞こえるんです。でもね、それがこどもの声じゃなかったんです。おとなの男

の声だったんです。しゃべり声が振動になって、ビリビリと壁を伝ってくる感じです。わかります？　すぐに隣からともだちが全員戻ってきました。「聞こえたか？」「聞こえた」って。

みんなが、その声を聞いていたんです。互いの部屋ではなくて、どうやら壁の中から聞こえていたんだと思ったんですよ。震えながら布団を被りましたね。布団に入ってから、祖父が「大房岬には幽霊がいる」と言っていたことを思い出してしまって、一晩中眠れませんでしたよ。

小学生のときにね、そんなことがあったんですよ。まあ、今思うと気のせいだったのかもしれないですけどね。当時は怖かったです。

高田さんはそんな小学生時代のことを話してくれた。

二、ラジコン

こちらも同日、直接取材させてもらった。待ち合わせ場所のフードコートへ行くと、ラジコンを手にした男性が手招きをしていた。

彼は、四十代になってから転職を機にラジコンをはじめたそうだ。もともと興味はあったが、わざわざ自分で買ってまでやる気はなく、インターネット番組などで鑑賞する程度だった。

それが、転職をして時間ができたので、思い切って専門店へ行ってみることにしたそうだ。

初心者用のキットを購入し、説明書を見ながら、各パーツを組み立てる。できあがったラジコンを庭で走らせてみると、すぐにその魅力に取りつかれた。

その後も何台か購入するうち、さらに深みにはまった。インターネットで、なかなか手に入らない一点ものを落札しては、広い場所へ行って走らせ、写真に収めるまでがセットの楽しみになっている。今は一九八〇年代のビンテージカーがお気に入りだ。

この楽しさを自分ひとりで味わうのはもったいない。誰か同じ趣味を持ったひとはいないだろうかと、SNSに書き込みをしたところ、同じ南房総市に住む男性と繋がることができた。何度かやりとりするうち、すっかり打ち解けて、昔からの友人のようになっていた。

八年前の冬、ふたりは一緒に出かける約束をした。

南房総市なら、大房岬がある。

あそこなら広いし、ラジコンを走らせるには最高のロケーションだ。日中、何度か散歩に行ったこともあるし、勝手がわかるので、友人には「案内するから一緒に楽しもう」と伝えた。

ふたりは休みを合わせ、大房岬の駐車場で会う約束をした。

仕事の都合もあったので、落ち合ったのは夕方三時だった。

挨拶もそこそこに、走行場所を目指す。

南芝生園地あたりが良いだろう。海も見えるし、道も高低差がある。ラジコンを走らせる場所に適している。駐車場から距離はあったが、観光や散歩で来ている、ほかの客に迷惑にならないよう、ラジコンを操作しながら向かった。

南芝生園地に到着すると、ひと気はなかった。存分に走らせることができる。

男性のラジコンは、海岸に続く坂道を勢いよく下っていく。友人のラジコンもその後ろを追っていった。友人は、自分のラジコンを追って坂道を下りていく。ほどなくして、

「ええっ！　まじかよ」

ぼやきながら、ドックボーンという鉄骨のパーツを手に戻ってきた。

「見てよこれ」

なぜか、真ん中で切れている。まるで粘土《ねんど》のようにグニャリとねじったような切れ方だ。そう簡単に切れる物でもないし、こんな切れ方は考えにくい。友人は文句を言いながら、換えのドックボーンを取り付けて、再び坂道で操作しはじめた。ラジコンが視界から消える。友人はそれを追う。するとまた「なんで?」と聞こえてきた。先ほどと同じようにドックボーンがねじ切れている。交換して三分も経っていない。友人は肩を落としていた。見かねた男性は、自分の換えのパーツを手渡した。

「やるんじゃないぞ。返せよ」

友人は喜んで組み立てた。ところがまた三度目も同じことが起こった。なんとなく気味が悪くなり、今日はもう帰ろうと、もと来た道を歩きだしたときだった。林の中から、男がこちらを見ていることに気がついた。ふたりともぎょっとしてその場に立ちすくんだ。男は手になにかを構えている。

「なにあれ?」

友人が震える声で聞く。手にしているのはどうやら銃のようだ。現代では見ないような恰好で全身モノクロだった。

「わあっ！」

ふたり揃って夢中で遊歩道を走る。その途中にも銃を構えたモノクロの男が何人もいて、物陰からこちらをじっと見ていた。日は傾き、あたりは薄暗くなりはじめていた。

なんとか駐車場まで戻り、車に乗り込んだ。

「見た？　あれ、幽霊だよな。軍人かな？」

友人がつぶやく。

「気のせいだよ」

男性は彼をなだめようとそう答えた。

「じゃ、あれも気のせいかよ？」

友人は雑木林の方を指さす。銃を構えたモノクロの男たちが何人もいる。彼らは、林の一角を気にしている様子だったが、こちらを見たり、ウロウロしている者もいたという。ふたりはすぐにその場を去った。

翌日、大房岬で乳児の遺体が見つかった。帰り際に見ていた雑木林だった。遺体の周りを取り囲むように軍服姿の幽霊がいたのだと男性は語った。

男性から話を伺っているうちに、スマホの充電が切れてしまったので、少し待ってもらって、携帯電話ショップに充電器を買いに走った。

販売員は二十代くらいのギャル男君だった。

「南房総市って、歴史のある街ですけど、お兄さんは幽霊を見たことはありますか？」

会計をしながら何気なく聞いてみた。

「ありますよ、大房岬で兵隊がいっぱいいいて銃を持ってこっち見てます。普通にいますね」

どうやら、同じような体験をしているのはひとりやふたりではなさそうだ。

五井の旧病棟

小学生たちが、学校帰りに鬼ごっこをはじめた。

追いかけていくうち、いつの間にか五井の、とある病院の敷地に入っていた。

病棟の裏側へ逃げていくともだちを追ってあとに続くと、木造二階建てのプレハブ小屋が建っていた。見上げると、窓辺に看護師がいてこちらを睨みつけている。真っ白なナースキャップに真っ赤な口紅が印象的だ。

すると、病棟の方から別の看護師が出てきて叱られた。

「こら、そこは使ってないから遊んじゃダメ！」

「あの中に誰かいたよ」

指をさして見上げると、ボロボロになった廃墟がそこに建っていた。窓辺にいた看護師の姿はなく、ガラスには穴が開いていたという。

連鎖

二十五年前、クロス職人をしていた佐藤さんは、結婚を機に君津《きみつ》市常代《とこしろ》に家を建てた。妻には連れ子がいて再婚だったが、彼は初めての結婚だった。妻はこども思いで気の利く女性だったので、そんな性格にほれ込み、プロポーズしたのだった。

ところが、新築が完成して住みはじめるようになると、妻の性格が一変した。昼日中から酒を飲み、家事を一切しなくなった。

仕事から帰ると、お腹を空かせたこどもが泣いている。その横でテレビを観ながら酒を飲み、こどもに手を上げるようになった。気がつけば、家庭は破綻していた。

やっと手に入れたマイホームだったが、妻に離婚を切り出した。妻は拒否し「もう飲まない」というが、数日すると同じことのくり返しだった。

ほどなくしてこどもには申し訳ないが、佐藤さんは逃げるように家を出た。

当時、佐藤さんは工務店から仕事をもらって、下請けでクロスを貼るひとり親方をしていた。何社か世話をしてくれる工務店があったが、その中で市原市海士有木《あまありき》に会社を構えている社長に事情を説明したところ、

「そうか。なら、うちを使え。遠慮するな」

会社の作業小屋の一室を間借りできることになった。おおらかで面倒見の良い社長で、社員たちからも親しまれていた。

本来ならアパートを借りるか、実家に帰るべきではあったが、家のローンも残っている上、両親はすでに他界しており、ここしか頼る場所はなかった。生活が安定したら出ていくことを伝え、小屋での暮らしがはじまった。

一階が作業場になっていたので、寝泊まりをするのは二階の八畳の部屋だった。ここには佐藤さんと同じように訳ありの大工がひとり住んでいた。

ようやくこの作業小屋での生活に慣れ始めたある晩。仕事を終えて眠っていると、突然躰が動かなくなった。たまに疲れていると金縛りに遭うことがあったので、今回もその類だと思っていると、一階へ続く階段の方から光が差し込んできた。それに続き、勢いよくカンカンと駆け上がってくる足音が聞こえる。誰かが来る。

音がドアの前まで来たと同時に気づけば朝だった。

同室の大工に、ここで金縛りに遭ったことはないかと聞くと、そんなことは一度もないという。佐藤さんはなんとなく、一階の作業場になにかいるような気がしてならなかった。

一年後、妻とは離婚が成立し、生活も安定したので、作業小屋を出てアパートを借りることを決めた。社長にお礼を伝えると「いつでも困ったら頼ってこい。遠慮するな」と励ましてくれた。

その後も社長のもとで働いていると、

「今度うちの息子が家を建てることになってね。内装を頼むよ」

と、新たな仕事を任された。しかも恩人である社長の息子の新築だ。断る理由などなく、もちろん快諾した。

建築は順調に進み、いよいよクロスを貼る作業日がやってきた。

この家で、社長の息子の新しい生活がはじまる。家族も増えるだろう。気持ちを込めて作業をしていると、電話が鳴った。知り合いの電気屋だ。

「大変だ。社長が自殺したぞ」

佐藤さんの頭の中は真っ白になった。

「誰？　どこの社長だって？」

おおらかで、優しかった社長がつい先ほど亡くなった状態で発見されたという報せだった。第一発見者は息子で、以前佐藤さんが間借りしていた作業場の一階で首を吊っていたそうだ。

数日前、挨拶に行ったばかりだった。いつもと変わらず明るい笑顔で「内装、頼むよ」と声をかけてくれていた。しかも、息子の新築の作業中になぜ？

そのとき、以前あの作業小屋で見た光のことを思い出した。あの一階にはなにかいるのではないだろうか。早くにお祓いをするよう言うべきではなかったかと考えていると、携帯が鳴った。

友人からだ。電話に出ると、

「お前の元嫁、死んだぞ」

離婚した妻の死の報せだった。自宅のドアノブに紐をかけて首を吊って亡くなっていたという。亡くなる直前まで、佐藤さんの居場所を血眼になって探し続けていたという。

社長と妻が知り合いだったことを、あとで知った。

全力疾走

南房総市内のとある羊牧場で短期のアルバイトをしている男性がいた。
羊たちを放牧し、羊舎の掃除をしていると、視界の隅をなにかが横切った。
（なんだろう？）
顔を上げると、放牧地を小さな男の子がものすごいスピードで駆け上がっていく。
「おいッ。ちょっと待って！」
慌ててホウキを放り投げて追いかけたが、まったく追いつかない。
男の子はこどもとは思えぬ速さで丘を越えると、姿が見えなくなってしまった。
ようやく丘の上に立って見下ろしたが、広い放牧地には誰の姿もない。
誰か来れば騒ぐはずの羊たちは、いつもと変わらぬ様子で草を食《は》んでいる。
迷子だったら大変だ。ただちに事務管理棟へ行き職員にそのことを伝えると、

「ああ、またか。違うから気にするな」

そう言って軽くあしらわれてしまった。

「でも、事故とかになったら大変です。牧場入り口の監視カメラに映っているかもしれないので、見てもらえませんか」

「だから、映んねえんだって。あれは」

職員は面倒くさそうに、しっしと手を払った。

「あれ」とはいったいなんなのか、アルバイトを辞めた今でも気になって仕方がない。

美容室

市原市で美容室を経営している沢田さんの話だ。

現在は五井駅そばに店舗を持つオーナーとなったが、以前は辰巳台《たつみだい》にあった美容室に勤めていた。

毎日多くの来客があり、休憩をとることもままならないほど忙しい店だったそうだ。

その日、夕方過ぎにようやく客が引いたので、沢田さんは遅い昼食をとろうと、休憩室に入った。椅子に腰を下ろしたとたん、

「こんにちは」

店舗受付の方で女性客の声が聞こえた。店内では別のスタッフがカットをしている最中で手が離せないだろう。

先に休憩に入っていた同僚の鈴木さんと同時に「はーい」と返事をした。立ち上がろ

うとする鈴木さんに座っているよう目で合図して扉を開けた。

ところが受付には誰の姿もない。それがことの発端だった。

それから頻繁に店内で妙なことが起こる。

誰もいない待合室で、置かれている雑誌がパタパタと開閉する音はスタッフの全員が聞いているし、有線放送には何度も雑音が入る。点検に来てもらっても毎回異常はなかった。

また別の日。沢田さんは指名客が入っていて午後三時になっても昼の休憩に入れていなかった。あとひとり接客をしたらさすがに休憩をとろう。

ようやくカットが終わり、客がレジに会計をしに向かった。ちょうど受付カウンターに女性スタッフがいたので、彼女に任せて休憩室に入ると「お会計してください」と呼ばれた。扉を開けると今いたはずのスタッフがいない。

きょとんとしていると、休憩室にいた鈴木さんが「この店、なんだかおかしいよね」とつぶやいた。

確かに、この美容室ではそんなことが頻繁に起きていた。

その年の暮れ。初めて店の忘年会を開催することになった。

女性スタッフのほとんどが既婚者だったので、これまでは店内で軽く打ち上げをして解散する程度だったのだが、オーナーが「一年よく頑張ってくれたから、たまにはみんなで一緒に食事しましょう」とねぎらってくれることになったのだ。

その日は沢田さんの夫も会社の忘年会に参加すると聞いていたので、ちょうど良かった。お酒を飲まない沢田さんは、終わったら夫を迎えにいく約束をして会場へ向かった。

店に到着すると、出入り口の外で鈴木さんが立っていた。

自分を待っていてくれたのかと思い「中、入りましょう」と声をかけると、彼女は首を横にふった。

「どうしたの?」

「中に、あれがいるの。怖くて入れないから帰りたい」

沢田さんはみんな一緒だから大丈夫だよと鈴木さんの手を引いて店内に入った。

ふだんは忙しくてスタッフが集まって会話をすることは、ほぼないので大いに盛り上がった。

宴会も終盤に差し掛かった二十時頃。カバンの中のＰＨＳが震えた。

夫の方がもう終わったのだろうか。画面を見ると非通知だ。

「はい。もしもし」

耳を当てると、雑音が入っていてよく聞こえない。そのままブッと切れてしまった。するとまたすぐに鳴る。出ると、電話の向こうで、かすかに女性の声がする。もにょもにょとなにか言っているようだが、聞き取れない。一度ＰＨＳを耳元から離した。

「変な電話。切ろうかな」

沢田さんがつぶやくと、正面に座っていた鈴木さんが指をさしながら、

「だって、沢田さんの後ろで、女がしゃべってるもん」

思わずふり向くと、まったく知らない女が、壁を背に透けた状態で立っていた。口元が小さく動き、なにかしゃべっているようだった。

ほかの従業員は気がついていないようだったが、事情を説明し、先に帰らせてもらうことにした。

数日後、沢田さんは退職願を提出した。これ以上ここにはいられない。すぐに鈴木さんがそれに続く。

その後も従業員が次々と退職し、ほどなくして美容室は閉店となった。

美容室2

辰巳台の美容室を退職して、沢田さんは五井に自分の店を持つオーナーとなった。立地が良かったことと、美容師としての腕が評判となり、オープンして三年も経つ頃には常に客の出入りが絶えない人気店となった。

客の中には、近所の友人もいて、親子揃ってカットをしに来ることもある。特に、自宅の真裏に住んでいる友人は、息子を幼稚園児のときから連れてきていて、沢田さんは彼を「坊ちゃん」と呼んでいた。

坊ちゃんが小学六年生になったある日。彼は自分のカットが済むと、待機スペースのソファに腰を下ろして漫画を読んで母親を待っていた。

ほどなくして、鏡越しに見える坊ちゃんが、漫画本から顔を上げてしきりにこちらを見るしぐさをしはじめた。沢田さんがどうしたのと問うと、

「ちょっと太ったおばさんが、椅子と椅子の間に立ってるね。時々いるよね」

そう答えてまた漫画本を読みはじめた。

母親は「またそんな変なこと言って」と笑っていたが、沢田さんは内心ギョッとしていた。

ここは居抜き物件で新築ではない。改装をしてはじめた店だ。

営業を始めるまで気がつかなかったが、数日してわかってしまった。

中肉中背の着物姿の年増の女性が店内にいるのだ。

女性は決まって客用の椅子と椅子の間に立ち、なにをするわけでもなく、ぼんやりと立っている。

はじめこそ驚いた沢田さんだったが、そのうちに慣れたので放っておいた。

そんな、自分にしか見えていないと思っていたものが坊ちゃんにも見えているのだとわかったからだ。

二年後、中学二年生になった坊ちゃんが久しぶりに来店した。

最近は部活が忙しいらしい。他愛もない話をしながら作業をしていた沢田さんは、彼に訊いてみた。

「最近も、見えるの?」

「うん。見えるよ」

沢田さんは、少しいじわるしようと試みた。

「じゃあ、今どこにおばさんがいるか、見える?」

「おばさんは、今日はいないけど――」

窓辺を指さした。

「壁に向いて、うんこ座りしてるサラリーマンのおじさん。あんなところで、なにしているんだろうね」

窓の下。壁に向き合い座り込んでいる男がいた。沢田さんはこのとき初めて気がついた。サラリーマンを見たのはそのたった一度だけだったが、中肉中背の着物の女性は今も、店内に時々出るそうだ。

辰巳台の店を辞めて自分の店を持ったのに、幽霊がいる状況はあまり変わっていない。しかし、幽霊のいる店は、すぐに潰れると言われるが、どうやらそうでもないらしい。

オープンして十年以上経った今も、常に店内は賑わっている。

早く起きて

今から二十五年前、大学を卒業した高田さんは、花見川区《はなみがわ》の不動産会社に就職した。入社したばかりなので、任されたのは店舗に来た客を連れて内見に同行するか、賃貸物件の退去後の清掃が主な業務だった。

実家は館山市なので、通うとなるとかなり遠い。アパートを借りてひとり暮らしをしようかと検討していたところ、会社が受け持つマンションを寮として貸してもらえることになった。どこかと思えば会社から徒歩十分とかからない犢橋町《こてはし》だった。早速入居の準備に取りかかった。

当時、この界隈は田んぼが多く、住宅は旧家がポツポツ建っている程度だった。会社は山の一部を切り崩して四階建てのマンションを建てたのだった。

警察署や病院、スーパー、コンビニもあり、住みやすい町ではあったが、唯一悩まされたのはマンションのすぐそばに京葉《けいよう》道路が通っていることだった。

高田さんが入居したのは四階で、ちょうど高架橋が真ん前に見える。一日中、車やトラックが走っていて、夜電気を消しても常に明るかった。

このマンションで暮らしはじめて三か月ほど経ったある晩。布団を敷いて眠ろうとしたところ、ベランダに誰かがいる気配がした。ここは四階だから、ひとがいるはずはないと思ったが、道路を車が通過するたび、カーテン越しに人影が浮かび上がる。泥棒かもしれない。勢いよくカーテンを開けると、誰もいなかった。

引っ越しシーズンも過ぎ、業務にも慣れ始めた七月の中旬。高田さんはビデオデッキを購入した。残業もなくいつも定時で帰宅するので、家にいる時間が退屈だったからだ。

さっそくレンタルビデオショップで映画のビデオを何本か借りると、ファーストフードをつまみながら一本を鑑賞した。続けてもう一本見たかったが、眠くなってきたのでこのあたりにしておこうと、デッキの電源を落とし、コンセントを抜くと布団に横になった。ところがすぐに「ヴー」と変な音が聞こえだした。

エアコンはつけていない。モーター音のようなものだ。なんだろう。耳を澄ます。

どうやら目の前のビデオデッキからだ。見ると、デッキの時計のカウンターが勢いよく回っている。コンセントは元から抜いたばかりだ。

(なんだろう)

枕元の時計を見ると午前二時。

そのとき、玄関のドアノブが回される音が聞こえた。

誰か部屋を間違えて入ってこようとしているのだろうか。鍵もチェーンもかかっている。入ってこられるわけはない。さっさとどこかへ行ってくれと願った。

デッキの時計のカウンターは回り続けている。コンセントは抜けているのになぜだろう。

ガチャッ、カチャン

高田さんは思わず肩をすくめた。ドアノブとチェーンが外れる音がした。続いてドアが開いて誰かが入ってきた気配がした。さすがに怖くて横になったまま動けない。

引き戸が開いた。足音と衣擦れの音がゆっくりと近づいてくる。それは、横になっている高田さんの背中側に座ると、高田さんの肩と腕を掴んで優しく揺らしはじめた。

「起きて。早くして。なにしてるの。起きて」

交際中の彼女の声だ。

え? なんでこんな時間にきたのと聞きたかったが、横になったまま躰が動かない。

じっと身を硬くしていると、

「起きやっしぇえよ！　はやしやっしぇえよ！　あじしてんだぁって！　起きやっしぇえよ！」

今度は祖母の声だ。さきほどよりも肩を強めに揺すられる。

「起きなさい。早く起きなさい。なにしてるの。起きなさい」

次は母だ。肩と腕をゆさゆさ揺らす。その後も入れ替わり立ち替わり、自分の知っている身近な人物の声で「起きろ」と言っては躰を揺らす。眠っているわけではない。今起こっている説明のつかない状況に、頭と躰がついていかないのだ。

そして、自分を呼ぶ声が変わる度に、躰を掴む指の爪が腕に食い込み、揺らし方も激しくなった。

やがて、聞いたこともない声が、

「起きろおおお！」

そう耳元で叫び声を上げた。男なのか、女なのかもわからない。鼓膜が破れるのではないかと思うほどそれは大きな声だった。逃げなくては。部屋から出なくては。

高田さんは、掴まれているその腕を掴み返した。するとそれが異様に冷たい。咄嗟に

「骨だ」と感じた。これは、硬くて乾燥している骨だ。

それと同時に絶叫が聞こえた。そして肩と腕を思い切り掴まれた。

あまりの痛さで起き上がると、誰もいなかったのだが——腕からは血が流れて、布団が真っ赤に染まっていた。

ビデオデッキのコンセントは抜けていたが、なぜか中が水浸しになっていたという。

翌日、父親が遺体で発見された。

不動産詐欺に遭い、だました男の家の前で練炭自殺をしていたところを通行人が見つけたという。

高田さんはすぐにこのマンションから引っ越した。それ以降、奇妙な声は聴かないし、今はなにもない。あの部屋で幽霊が出るという話もまったく聞かないそうだ。

あの晩聞いた声は、父の死を知らせるためだったのか、なんの意味があったのかもまったくわからないそうだ。

お客様は……

毎年、成田山《なりたさん》の新勝寺《しんしょうじ》へ初詣《はつもうで》に行くことを楽しみにしている夫婦がいる。

参拝の帰りには、必ず決まった店でうなぎを食べてから帰る。正直、参拝よりもうなぎがメインになりつつあった。

夫婦が毎年訪れるそのうなぎ屋は、成田では老舗《しにせ》の有名店で、何時間も待つことがある。待ってでも食べる価値があると思っていた。

あるとき知人から、あの老舗店には劣るけれど、かなりおいしい店があると聞いて、初めて夫婦はその年、別のうなぎ屋に入った。

戸を開けて店内に入ると、感じの良い店員が、

「いらっしゃいませ。お客様は、三名様ですね」

笑顔で言う。誰かひとりの客が一緒に入ってきたのかと思ってふり向くが誰もいない。

店員は夫婦の間を見て目をこすると「失礼しました。こちらへどうぞ」とすぐにテーブル席に案内してくれた。

待ち時間もなく、うなぎもおいしかった。老舗のあの店には敵《かな》わないが、待ち時間のことを考えると、ここでいいやと思うようになり、次の年もその店を訪れた。

店内では去年と同じ店員が笑顔で迎えてくれた。

「いらっしゃいませ。お客様は、三名様ですね」

夫婦の間をチラっと見て言う。

「あはは。ベタな怪談みたいですね。私たちふたりですよ」

主人が答えると、店員は口に手を当てて「失礼しました。ご案内します」と誘導をはじめた。厨房に入る際、こちらを見て首を傾げたのを見逃さなかった。

それが、五年連続で続いている。自分たち夫婦になにかが憑いているのか、それともあの店にいるのかはわからない。

来年も、同じことを言われる気がしてならないそうだ。

物件探し

会社員の男性の体験談である。

結婚が決まり、夫婦で暮らす物件を探しはじめた。希望のエリアは、なるべく通勤に便利な松戸近辺にすることにした。

妻にどんな家に住みたいかと聞くと、

「そうね、あまり古くない、日当たりの良い物件なら。あなたに全部任せるわ」

「わかった。いくつか見てくるよ」

さっそく資料を集めると時間を見つけては内覧へ行った。その中で駅から少し離れてはいるが、条件の良いマンションがあったのでパンフレットを妻に見せると「ここにしましょう」と快諾してくれた。

「明日、申し込みを入れてくる」

「ところで、ほかにはどんなところがあったの？」

「なかなか捨てがたいところもあったよ」

「あなたに任せておけば間違いないと思っていたわ」

「君はあんまり欲がないから助かるよ」

「あるわよ。事故物件だけは、絶対に厭よ」

事故物件と聞いて男性は思い出したことがあった。


気に入った物件はいくつかあったが、すべての条件を満たしているところはなかった。妥協して駅から離れたマンションに決めようと思いつつ、飛び込みで駅前の不動産会社に入って相談すると、

「一件だけありますよ。しかもまだ新しいです」

担当の不動産屋は、詳細が書かれた用紙をテーブルに置いた。３ＬＤＫでカウンターキッチンも付いている。

「どうでしょう。日当たりも抜群ですし、駅からも近いですよ」

「良いですね。今から見に行けますか？」

「もちろんです。実際に見て決めた方が良いと思いますので、ご案内いたします」

松戸と新松戸の間にある馬橋《まばし》駅から徒歩五分。閑静な住宅街にそのマンションは建っていた。築年数はまだ一年で、外観もきれいだ。

部屋に入ると不動産屋が各部屋のドアや窓を開けていく。

「日当たりも風通しも良さそうですね」

「ベランダに洗濯ものを干せばすぐに乾きますし、布団もフカフカになりますよ」

男性は、不動産屋がドアを開けている間に、トイレを見にいくことにした。広くてきれいだ。次は風呂場。ここもきれいだ。足も伸ばせるし、浴室暖房乾燥機もある。風呂の前の洗面台も使いやすそうだ。妻もきっと喜んでくれるだろう。鏡は扉になっているようだ。中を見ようと手を伸ばすと、誰かが廊下を通って玄関の方へ行くのが映った。

(あれ？　不動産屋かな？)

洗面所から廊下に首を出して玄関を見ると、誰もいない。

気のせいかと顔を引っ込めると、また誰かが通ったのが映った。今度は玄関から部屋の方へ行った。

「こんな感じです」

奥の部屋から扉を開けてひょっこり顔を出した不動産屋を見て一瞬ドキッとした。

（さっきのは、なんだろう）

「洋室も広いので、色んな用途で使えますよ」

「そうですね。観葉植物なんか置けばおしゃれになりそうですね」

ふたりで洋室を見ていると、どこからか「タン！　タン！」と音がした。

「なんの音？」

「ええ。なんでしょうね？」

不動産屋は和室に入っていき「あれっ？」と声を上げた。

「どうしましたか？」

「襖が閉まっているんです。さっき全部開けたんですけど。ん？　押し入れも閉まってる」

なんでだろうと言いながら、またすべて開けてダイニングへ移動した。

「一番はこのダイニングですね。リビングとつながって――」

また、音がした。

「閉まり……ましたよね？」

和室を開けると、襖と押し入れの戸が閉まっている。

「ゆがんでいるんですかね？」

「そうなんですかね？　もう、今日は閉めておきましょう」

ダイニングへいくと、視界の隅でなにかが動いた。それは、台所のカウンターの下にしゃがみ込んだ。

「誰か、いますか？」

思わず声をかける。

「えっ。誰かいるんですか？」

「今、誰かいましたよね」

恐る恐るカウンターの中をのぞいてみたが、誰もいなかった。

タン！　タン！

また、閉まった。

「――はは」

「実は、さっき廊下でも見たんですよね」

「この物件は、やめておきましょう。窓、閉めますね。あ、お客様、すみません。中で一緒に待っていていただけませんか。お願いします」

不動産屋の持つバインダーが小刻みに震えている。

帰りの車中で男性は訊いてみた。

「あそこ、事故物件だったりします？」

「いいえ。まったくです。まだ新しいですし、そんな記録はありません」

「じゃ、あれ、なんだったたんですかね」

「誰も死んでませんよ。なんなんでしょうね。ほかの物件を探しますから、あそこは、絶対にやめておきましょう」

だから少し駅からは離れているけど別の物件を選んだよ、と妻に伝えたそうだ。

寝ないと

ひと昔前の夏。高校二年生だった絵美さんは、学校の行事で臨海学校に参加することになった。

宿泊先は一宮《いちのみや》にある臨海寮で、歩いて海まで行くことができる。浜遊びやバーベキューを通じて、団体生活を楽しむという学校の恒例行事だ。

出発当日はよく晴れていた。クラスメイトと海で遊べることを最大の楽しみにバスに乗り込んだのだが、あいにく波が荒く、遊泳禁止の報せが入ってしまった。

生徒たちは口々に「泳ぎたかった」「先生、せめて見に行こうよ」と申し出た。

担任も生徒たちをかわいそうに思ったのだろう。「一時間だけ。中には入るなよ」と釘を刺してから海岸へ連れていってくれた。

浜辺にでると、なるほど風が強い。ひともまばらだ。

海岸では遊泳禁止の赤い旗が何枚も風になびいていた。

「一時間だけ」という条件なので、その間は目一杯楽しもう。貝殻を拾い集めたり砂山を作ったりと夢中になって遊んでいた。

その途中で、チラっと沖の方に人影が見えた。こちらに手をふっているように見える。

「先生、あのひと、溺れてませんか」

絵美さんの言葉に担任は「あっ！」と言うと、ライフセーバーを呼びに行った。

その間、生徒たちはなにもできず、沖を見つめていた。

白い手が、浮かんでは沈み、浮かんでは沈みをくり返し、やがて見えなくなった。

戻ってきた担任が、待っていた生徒たちに、

「時間だ。寮に戻るぞ、急げ」

そう言って誘導をはじめた。

「先生、あのひと、どうなったんですか？」

思わず絵美さんは聞いてみた。

「いいから、戻れ。ほら、お前たちも急げ」

生徒たちは無言で寮に戻った。

楽しみにしていた臨海学校だったが、浜辺でのバーベキューも中止となり、食堂で静かに夕食を食べて部屋に戻った。

消灯時間が過ぎても、なかなか寝つけなかった。生徒たちは小声で海岸でのことを話していた。

「あのひと、どうなったのかね」

「だいじょうぶだよきっと」

「でも、上がってこなかった感じだったよね」

すると部屋の扉が開き、担任が入ってきた。

「おいッ、もう寝ろッ！　お前らな、早く寝ないと、アレが、来るぞ……」

そうつぶやいて扉を閉めて出ていった。

(アレってなに？)

すっかり眠気が吹き飛んでしまった。

その後もしばらくは小声で話していたが、ひとり、またひとりと寝息が聞こえてきた。

「みんな、寝ちゃったの？」

返事はない。どうやらみんな寝てしまったようだ。

「ねえってば。眠れないよ。誰か話そうよ。起きてよ」

するとと「おーい」と返事が返ってきた。その声に驚いて、絵美さんは布団から起き上がった。

声は部屋の中からではない。窓の外、海の方から聞こえた。絵美さんの呼びかけに返事をしたようだ。

布団を被って耳をふさいだが、声はだんだんと近づいてきた。

波の音に交じってその声は、夜明けが来るまで聞こえ続けたそうだ。

同級生

五十代の主婦の体験談である。

中学高校が一緒だったクラスメイトが、南房総市の山道で事故に遭い亡くなったと連絡が入った。

現場はもともと事故の絶えないカーブだった。友人はガードレールを突き破って車ごと落ちたそうで、ほぼ即死だったらしい。

おとなになってからも、クラス会は毎年欠かさず開いていたほど、みんな仲が良かったので、通夜にもたくさんの友人が参列していた。

泣き疲れた彼女は、通夜から帰ると家族には出前を頼むよう声をかけて早めに布団に入った。

夫やこどもたちに涙を見せたくなかった。明日の葬式にも参列するつもりだ。

とうとう明日でお別れか——。

頭まで布団を被ると、疲れのせいかすぐに意識が飛んだ。

真夜中頃、ふと目が覚めた。

レースのカーテンの向こうに、シルエットが浮かび上がっているのが見える。

「関口君？　関口君なの？」

亡くなった友人だと感じ、思わず声をかけた。

コンコンコン、とノックが三回返ってきた。

シルエットの手がゆらゆらと動いている。

布団から出て、窓を開けたが誰もいなかった。マンションの四階で、その窓には足場はない。


翌日の葬儀にも、昨日の通夜に続き友人たちが参列していた。

「昨日、関口君が会いにきたよ」

そう告げると、何人か「家にもきたよ」と言う。会えなかった友人は悔しがっていた。

皆、口を揃えて「こっちに手をふっていたよね。お別れの挨拶に来たんだね」と言っていた。

しかし、彼女はそうでないと感じていた。

関口君は、

「こっちにオイデ」

と、手招きをしていた。

ミステリーゾーン

大学を卒業後、東京都内で営業職についていた田中さんは、なかなか成績を上げられず、毎日朝礼で上司に怒鳴られ続けている。

同僚たちからも蔑《さげす》んだ目で見られ、田中さんは孤立していた。

仕事もできないし、これといった趣味もない。交際している彼女もいない。

ないないないない。ないないづくしだ。追いつめられていた田中さんは、いっそのこと死んでしまおうと、その朝、駅のホームで電車がくるのを待っていた。

もういいや、楽になろう。

アナウンスが鳴って電車が進入してくる。くだらない人生さようなら。

覚悟を決めて、点字ブロックを踏んで一歩前に足を出したときだった。

ズボンが震えた。携帯が鳴っている。

会社からだろうか。ポケットに手を突っ込んで取り出すと、電車が止まって扉が開いた。携帯を見るとかけてきたのは、高校時代の友人だ。特別仲が良かったわけでもない。いったい自分になんの用だろう。

ドアの前でぼんやり立っている田中さんを、乗客たちは邪魔そうに押しのけていく。その流れに押されて、乗車口からずれたところに移動すると、電話に出た。

「田中、元気か。朝からごめんな。今度会社を立ち上げるんだけど、一緒にやらないか」

想定外の言葉に田中さんは驚いた。

これまで誰にも必要とされてこなかったのに、なぜ友人は自分なんかを誘ってくれたのだろう。

「俺なんかで、いいの?」

「なんか、じゃねえよ。お前だからいいんだよ」

田中さんは朝の通勤ラッシュ時の駅のホームで声を上げて泣いた。

友人は、千葉市中央区蘇我《そが》駅の周辺で会社を立ち上げる予定なのだが、場所を決めかねていると言った。

はじめは資金がないので、六畳一間の友人宅でふたりで共同生活をしながら起業の準備をすることになった。

それでも自分を必要としてくれている友人と、ひとつ屋根の下で暮らせることは楽しかった。あの会社ではどうにもならなかったが、友人のために、なにか役に立てることを探そう、がんばろうと思えた。

このアパートに来て十日ほど経ったある晩。

田中さんは突然目が覚めた。部屋の中が、なにか変だ。なんだろう。

暗がりの中、隣を見てギョッとした。友人の上に、真っ黒いヒトガタのようなものが平行に浮かんでいる。

友人は瞬《まばた》きもせずにそれをじっと見ている。

唖然《あぜん》としているとガラッと勢いよく窓が開いて、今度は全身真っ白なヒトガタが入ってきた。なにか被っているのか、まるで、のっぺらぼうのようだ。

白いヒトガタは、足音を立てながら友人に近づくと、その上に浮かぶ黒いヒトガタをいきなり殴りつけて、それを引きずって窓の外へ出ていった。ご丁寧に窓はしっかり閉めていった。

（ついに頭がおかしくなったのか、俺――）

するとと友人は、

「ここ、ミステリーゾーンだからさ。あんま気にすんな！」

そう言って笑うと、寝返りをうった。

ミステリーゾーン？

気になって一晩中眠れなかった彼は、翌日の夜、友人と居酒屋で呑んでいるときに訊いてみた。すると友人は説明するよりも見た方が早いと会計を済ませて田中さんを外へ連れ出した。

やがて路地に入ると地面を指さした。黒い丸い塊《かたまり》のようなものがある。そこから糸のようなものがシュンシュンと音を立てて出てくる。

「なに、あれ？」

「あれ、見えるか？　あれは悪霊だからあんまり近づくなよ」

友人は、カバンの中から地図を取り出すと、マジックペンで印をつける。

千葉中央警察署白旗《しらはた》交番を中心に大きな三角形が書かれていた。

「このあたりで何度か引っ越してみたんだけど印をつけた部分が特にヤバかった。こんなこと、わかってくれるの、田中だけだと思って。これからもよろしくな！」

ぽん、と肩を叩かれた。

その後も何度かこの近辺で黒い塊を見かけたが、友人の言いつけどおり、近づかずに無視を続けた。

友人と同居していた時期は、ワケのわからないものをしょっちゅう見ていたが、立ち上げた会社が倒産し、彼から離れると、一切見えなくなったらしい。

それでも彼と作った会社でのスキルを生かし、田中さんは別の会社に就職することができた。現在は大勢の部下を持つ上司となったそうだ。


取材のあとで、ミステリーゾーンの地図がメールに送られてきた。地図は、蘇我駅の東側を拡大したものだ。

千葉中央警察署白旗交番を中心に、千葉市南部青少年センター、千葉市消防局中央消防署宮崎出張所、淑徳大学総務部あたりが大きく三角形で囲まれていた。

地元では、この界隈で霊現象が頻発するという噂があるそうだ。こちらも近々実際に取材にいくつもりだ。

親子連れ

残念ながら今年（二〇二一年）はコロナの影響で中止になってしまったが、鴨川市小湊では毎年「連夜の花火大会」が行われている。

会場は小湊漁港で、八月一日から二十日あたりまで（その年による）、一日百発の花火が夏の空と漁港を彩る。この時期になると、地元住民のほかにも観光で訪れる家族連れなども多く、ホテルの予約も取りづらくなる。

また、花火大会の期間中に、この町にある誕生寺《たんじょうじ》の灯籠《とうろう》流しも同時に行われる。夜空にあがる花火。内浦《うちうら》湾に映し出される逆さ花火と浮かぶ灯籠は幻想的でまるで夢を見ているような錯覚に陥るほどだ。

数年前、男性ふたりがこの花火大会に出かけた。小さな港町なので、会場付近には、大型の駐車場はない。

花火の見えるスポットから徒歩十分ほどの山道にちょうど車を停められそうな場所があったので、そこに停めて港の方まで下りて行くことにした。

花火は連続で約十五分間、打ち上げられる。東京からわざわざ見にきた甲斐があった。

「楽しかったな」

「これで彼女がいたら最高なのにな。野郎ふたりで花火って」

「でもきれいだったよな」

ふたりは満足気に会話をしながら車を停めてある坂道を上って行く。

その途中、左手に誕生寺があり、塀が見えてきた。上り坂なので、息を切らしながら歩いていると、寺の山門とは反対側の草藪《くさやぶ》の中から、親子と思《おぼ》しきふたりがひょっこりと出てきた。

父親らしい男性は五十がらみで、こどもの方はまだ小学生だろうか。父親が手を引いて、車道を横切っていく。微笑ましい親子の姿に思わずふたりの顔がほころぶ。

親子は、車道を横切ると、誕生寺の参拝者出入口のところへ入って――行かなかった。

そこで姿が消えた。

それを見ていたふたりは目をこすって、すぐに親子が消えた出入り口まで走って行った。

ところがそこにはただ長い通路があるだけで誰の姿もなかった。

「なあ、今の親子の顔、覚えてる?」

「いや、全然覚えてない」

「じゃあ、なんで親子ってわかったんだっけ?」

「しかもさ、ふたりとも頭からつま先まで……」

「真っ白な全身タイツみたいなの、穿《は》いてたな」

口を開くまでその親子の奇妙さに気づいていなかった。

そしてなぜか、親子が通った場所は、女性ものの強い香水の香りだけが残っていたそうだ。

気づいたとき

小学校の登校時間はとっくに過ぎていた。

それなのに道路沿いの縁石に腰を下ろしている男の子がいる。

(あんなところに座って、危ないなぁ)

たまたま通りかかった女性は気になったがパートの出勤時間が迫っていたので、そのまま自転車を走らせた。朝から気温が高く、今日も暑くなりそうだ。

職場に着いて、汗を拭う頃には通勤時のことはすっかり忘れていた。

次の日、男の子はまた同じ時間に同じ縁石に座って、道路を見ていた。

後ろからだったので表情までは見えないが、なんとなくぼんやりしているようだった。

学校へ行かないのだろうか。それに、車通りの多い場所だし、と心配になった。

次の日の朝、男の子はいなかった。またいたら、今度こそ声をかけようと思っていたので、女性は内心ホッとした。

午後一時にパートが終わり、家路を急いでいると――いた。あの子だ。同じ縁石に座っている。さすがに場所を移動するよう声をかけよう。

自転車を停めて背後から声をかけた。

「どうしたの、こんなところで。そこは、危ないよ」

男の子はゆっくりとふり向いた。

黒いガラスのような目玉をしている。その異様さと、片側だけ上がった口角に、女性は思わずあとずさった。

(――生きてる子じゃない)

季節外れのコートを着たその子は、立ち上がると車の行きかう道路に歩きだし、吸い込まれるように消えたという。

市原市山木《やまき》の葬儀場前での話だ。

伏姫籠穴

伏姫籠穴《ふせひめろうけつ》は、南房総市合戸《ごうど》の富山《とみさん》の中腹にある。

江戸時代後期の戯曲者、曲亭馬琴《きょくていばきん》の長編小説「南総里見八犬伝」に登場する伏姫と八房《やつふさ》が籠ったとされる籠穴だ。

「南総里見八犬伝」の伏姫籠穴の部分の簡単なあらすじはこうだ。

結城《ゆうき》の戦いに敗れた里見義実は、安房国へ落ち延びた。義実は、滝田城主の神余光弘《じんよみつひろ》とその妾《めかけ》・玉梓《たまずさ》を殺して城主となった。

その後、館山城主・安西景連《かげつら》の侵攻に遭う。その際、義実は、飼い犬である八房に「景連の首をとってくれれば、娘の伏姫を嫁にやる」と戯《たわむ》れに言う。八房は言いつけどおりに景連の首を咥《くわ》えてきたが、義実は別の褒美を与えようとする。伏姫は父に約束を守るよう伝えた。やがて伏姫と八房は富山の籠穴で一緒に暮らすようになる。八房には玉梓の怨霊が宿っていたが、一緒に暮らすうちに八房の妖気を受けた伏姫は八つ子を身ごもった。

犬の子を身ごもったことを恥じた伏姫は八房と共に死のうと考えた。そこへ伏姫を捜しにきた家来の金碗大輔《かなまりだいすけ》が、八房を鉄砲で撃ち殺してしまった。その流れ弾が伏姫にも当たった。伏姫が刀で自害すると、数珠から八つの玉が飛び散った。というものだ。

これは、馬琴が二十八年もの年月をかけて書き上げた創作であり、当然、伏姫も八房も物語の中の架空の登場人物だ。

富山にいったい誰がいつ伏姫籠穴を掘ったのかはいまだ不明だそうだ。

この伏姫籠穴のある富山で、こんな体験をした方がいる。

彼は二十年ほど前、南房総市の少年自然の家で事務員をしていた。

春から秋にかけて、一年に一度、東京から小中学生が校外学習にやってくる。そのプログラムのひとつに、富山ハイキングが含まれていた。

学校から予約が入ると、こどもたちを受け入れる前に、少年自然の家の職員は必ず山の中を歩いて視察することになっている。遊歩道が整備されているか、どこか危険な場所はないか、落盤はないかなどを確認していく。

視察が終わるとマップの作成にとりかかる。落盤のある場所や遊歩道の不整備箇所、少しでも危険がありそうな所にマークをつけて事前に学校側に渡す。

男性はこの仕事が担当だった。

視察はまず山門を写真に収め、その脇の遊歩道へ入っていく。チェックをしながら頂上まで登り、福満寺《ふくまんじ》まで下りてくるというルートだ。

視察当日、伏姫籠穴の写真を撮り、遊歩道に戻ると山頂を目指した。

山頂には小さな社が建っている。男性はその社を写真に収めた。

ひととおりコースを回り下山しかけたとき、背後に気配を感じた。誰かいる。

実は登ってくる途中から薄々感じていた。

なんとなく、ひとではないような気がしていたが、なんだろうこの気配は。

ふり返りざま、黙って写真を撮った。やはりそこには誰もいない。

撮った写真を見ると、鬱蒼《うっそう》とした木々の間に、女の子の生首が写っていた。

（なんだこれ？）

すぐに消そうとすると、そばで、声がした。

「お兄ちゃん、お話ししよう。あっちにアケビがあるよ」

「えっ?」

あたりを見渡したが、誰もいない。クスクスと笑い声だけがそばで聞こえる。

「誰かいるの?」

返事はないが、もう一度写真を見ると、やはり女の子の生首は写っている。

声はそれきり聞こえなくなった。

初めて幽霊の声を聞いたかもしれない。初めて心霊写真が撮れたかもしれない。

なぜか嬉しくなった男性は、帰り道の崖から下をのぞき込んでシャッターを押した。

また、なにか撮れるのではないかと期待したのだ。

何枚か撮影して確認すると、その中に一枚奇妙なものがあった。

崖下に女性が後ろ向きで立っている写真だった。

かなり距離があるので小さいが、コートを羽織ったロングヘアーの若い女性だということはわかる。とうてい、ひとが立てるような場所ではない。

(やった。また撮れた!)

男性は、友人にその写真をメールに添付して送信した。

するとすぐにその友人から電話がかかってきた。

「ふざけんな、こんなモン送ってくんなよ」

「やっぱり、写ってるよな。これ、心霊写真だよな」

「知らないよ。それにしても、こっち向いてるその女。なんか気持ち悪いけど大丈夫か?」

「え?　こっち向いてる?」

男性が撮った写真には、後ろ向きの女性が写っていたはずだが、友人はこちらを見ていると指摘した。なぜそんなことを言うのだろうか。

気になって撮った写真を見返すと、後ろ姿だった女性が、一枚シャッターを切る度、ゆっくりとこちらにふり向いてきている。

最後の写真は、女性の顔が画面いっぱいに大写しになっていた。

輪郭、耳、髪もはっきりと写っているが、顔の真ん中に、大きな穴が開いており、後ろの景色が透けていたという。

伏姫と八房は、架空の人物だが、なぜ籠穴が掘られたかはわかっていない。

男性が撮った写真に写っていた女の子の生首と女性は当然物語とは無関係だが、なぜ撮れてしまったか、こちらもわからないそうだ。

携帯の機種交換の際に、その写真は消えてしまったが、脳内には今でも女の子の生首と穴の開いた女性の顔が焼き付いているそうだ。

なにもない道

ある男性にお話を伺おうと館山市を訪れた際、同行していた彼の奥様が、

「そういえば、私もあったわ。私たちふたりで夜道を走っていたときのことなの」

そう言ってご夫婦でこんな話を聞かせてくれた。妻の名前を優子さんとしておく。


優子さんはその日、機嫌が悪かった。これといった理由は特になかったのだが、朝からどうも虫の居所が悪かった。晩ご飯も作らず、ふて寝のようにしていたところ、

「ドライブでも行くか」

夫がドライブに誘い出してくれた。

「え？　夜中の一時だよ」

「いいじゃん。行こうよ」

優子さんは昔から、時々わけもなく機嫌が悪くなることがあった。その度に夫が気づかいをしてくれる。自分としても気分転換がしたかったので、さっそく支度をして出かけることにした。

行く当ては特にない。ただひたすら夜道を走り続けた。

やがて車が館山市の西川名《にしかわな》に差し掛かったときだった。

「痛いっ！」

優子さんの足に激痛が走った。

助手席で前のめりになったまま左足首を押さえる。突然襲った異変に優子さんは悶《もだ》えた。

「どうした？　だいじょうぶ？」

夫は路肩に車を停めて優子さんを心配そうに見つめた。

ところがすぐに「あっ」と声を上げ、急発進させた。あなた、どうしたのと聞いても黙ったままだ。

自宅に戻ってズボンの裾《すそ》をめくると、優子さんの左足首には、ひっかき傷ができていた。ところどころに血がにじんでいる。傷は、指の形で何本も、くっきりとついていた。

「妻が〝痛い、痛い〟としきりに言うものですから、車を停めたんですけどね、なんとなくその場所が気になってしまってあたりを確認したら、思い出したんです。実は以前、そこで私の同級生が事故で亡くなっているんです。定員オーバーですよ。スピードの出しすぎです。軽自動車に七人が乗って、スピードを出しすぎたため、ハンドル操作を誤って二名が車外に放り出されたらしいです。横転した車に取り残された五名のうち四名は死亡しました。女性がひとり生き残ったんですが、顔はめちゃめちゃだったそうです。相当な大けがを負って外には出られなくなったとか。見通しの良い直線道路だったんですけど、あそこは頻繁に交通事故が起きているんです」

昔からその場所では、幽霊の目撃談が多くあり、首なしライダーや血まみれの幽霊が現れるという噂もあったそうだ。都市伝説のような話ではあるが、そんな噂が立つほど事故の絶えない場所なのだろう。

優子さん夫婦は、なるべくその道を通らないようにしているそうだ。

隣の家

つい先日、友人の信二さんから電話がかかってきた。

「ちょっと見てもらいたい写真があるんですけど、今から送るので見てください」

メールに添付されていたのは、ある家の玄関を外から撮った写真だった。

「これ、僕の隣の家なんです。今は誰も住んでいなくて、五年ほど空き家になっているんですけど」

信二さんは、市川市若宮《わかみや》で両親と三人で暮らしている。

ずいぶん前に父が購入した一軒家で、生まれたときからここで生活してきた。

隣の家には、四人家族が住んでいた。父、母、姉妹という家族構成だ。信二さんの家とは家族ぐるみのつき合いをしていたそうだ。

姉妹とも信二さんよりだいぶ歳上で、赤ん坊の頃はお風呂の世話をしてくれたこともあると母親から聞いたことがある。

もの心ついた頃から互いの家を行き来し、お泊まりをすることもあった。姉妹とはよく一緒に絵本を読んだ。登場人物を役毎にふり分けて順番に音読する。そんな時間が大好きだった。ひとりっ子だった彼にとって本当の姉のような存在だった。

やがて信二さんが小学生になると、姉は大学生、妹は中学生になったので、生活のリズムも変わり、顔を合わせる機会がうんと減ってしまった。それでも顔を見れば、挨拶をして、時々は会話をすることもあった。生まれたときから、いることが当たり前の存在だった。

さらに数年が経つと、姉妹とも結婚をして家を出ていった。

二〇〇二年のある日。妹がフラッと帰ってきた。ちょうど仕事から帰宅した信二さんは、彼女の赤いミニクーパーが家の前に停めてあるのを見て嬉しく思った。

リビングで食事の支度をしている母に、

「帰ってきているみたいだね。明日、顔でも出そうかな」

すると母親が顔をしかめた。

「離婚したみたいよ。親権は旦那さんが持つんだって」

「えっ。そうなの？」

初めて聞いたことだった。ふたりのこどもを授かったことは知っていた。

新居で幸せに暮らしていたとばかり思っていたが、離婚になってしまったのか。

ほどなくして、隣家からガラスの割れる音が聞こえてきた。両親に対する妹の罵声がそれに続く。

「どうしたんだろう。ちょっと、見に行ってくるわ」

「やめておきなさい」

信二さんは静止する母をふり切って、家を飛び出した。

隣家では、妹が父親に馬乗りになって殴りつけているところだった。あたりには割れた食器や砕けた窓ガラスが飛び散っている。

「やめなって！　いったいどうしたんだよ」

妹を後ろから羽交い絞めにしてなんとか父親から引き離したが、今度はそばにへたり込んでいた母親の顔面を蹴り上げた。

「クソが！　お前らのせいでな、あたしはこんな人生なんだよ！　とっとと死ねっ、クズ！」

なおも暴言を吐き続ける。母親の口からは血が流れていた。

「やめなって。どうしたんだよ！」

妹は、信二さんの腕をふり払って家を出ていった。吐き捨てるように「クソがっ！」と、乱暴に門扉を閉めると荒々しいエンジン音が遠ざかっていく。

あまりのことにしばらく茫然とその場で立ち尽くしていた。全身が震えて、立っているのがやっとだった。

信二さんの母も心配して中へ入ってきた。

荒れた部屋を前に、その場にいた全員が涙を流した。

その後、けがの手当てをして、割れたガラスを片づけて帰宅した。

二日後、妹は、鋸山の麓《ふもと》に停めた車の中で遺体で発見された。排ガス自殺だった。

車のマフラーにホースをつけて窓から車内に入れ、ドアの隙間をガムテープで密閉したうえでエンジンをかけたようだ。一酸化炭素中毒だ。

当時の地元紙にもそのことが掲載されている。

彼女の両親の話によると、ふたり目のこどもを生んだ頃から性格が変わってしまったのだという。

酒を飲んでは暴れ、ギャンブルにも手を出した。夫やこどもに手を上げることも度々あった。耐えかねた夫は離婚を切り出し、裁判となった。家を追い出された妹は、しばらくの間はホテルを転々としていたがすぐに金が底をつき、両親に金の無心をしにきたのが先日のことだった。それを断ると、暴力をふるわれたのだという。

優しかった妹は見る影もなくなっていた。事情を知った信二さん家族もショックを受けて言葉を失った。

その後も隣家との交流は続いた。

妹の死後、急に彼女の両親は老け込んでしまったように見えたが、信二さん家族は、これまでと変わらず接していた。

静岡に嫁いでいた姉もたまに帰ってくることがあり、一緒に食事をすることもあった。誰もが極力明るくふる舞うように努めていたのだろうと信二さんは言う。

ところが、妹が亡くなって数年後、彼女の母はお風呂場で転倒しそのまま帰らぬひととなってしまった。それまで健康だったのに、突然のことだった。

妻を亡くした夫は認知症を発症し、ひとりでの生活が難しくなった。やがて介護施設に入所したと聞いたが、その後のことはわからない。

隣家は、にぎやかだった頃が思い出せないほど、静かになった。

電気やガス、水道も解約したらしい。

一年に数回、姉が保全に訪れているようだったが庭の草木は荒れる一方だった。

ある日、信二さんが帰宅すると、隣家の門灯が点いていた。

(あれ？　姉さん、帰ってきたのかな)

リビングで新聞を読んでいた父親にそのことを伝える。

「電気通ってないのにな」

何気なくつぶやいた父の言葉を聞いても、このときは特に気にしていなかった。

それからしばらく経った頃。

この日、仕事が休みだった信二さんは、ひとりで自宅にいた。母は友人と旅行中で、父親はボランティア活動のため、出かけていた。

昼ごはんを食べ終えて、台所で洗い物をしていると、インターホンが鳴った。

訪ねてきたのは隣家の姉だった。

「こんにちは。どうしたの？　あがってお茶飲んでよ」

「今日は挨拶に来たの。ちょっと、遠くに引っ越すことになったから」

「そうなんだ。淋しくなるね」

「おばちゃん、いる？　良くしてもらったから、お礼が言いたくて」

「ごめんね。実は昨日から旅行で、今いないんだ」

「えーっ、残念！　おばちゃんと会いたかったな」

姉は、家族を亡くしてからも、明るい。そう努力しているのかもしれないが、信二さんたちはそれで救われた部分もあった。だから、遠くへ行ってしまうのは淋しい。

「ほら、お茶淹れるから飲んでいってよ」

リビングに案内しようとすると、ちょうど父親が帰ってきて言った。

「門灯、点いているぞ」

姉は「嘘でしょ？」と言って慌てて外へ出ていった。

すぐに戻ってくるだろうと台所でお茶の準備をしていると、ほどなくして悲鳴が聞こえてきた。慌てて表に出ると、姉が、隣家の玄関の石段の所でへたり込んでいる。

「どうしたの？　だいじょうぶ？」

姉は震える手で、門灯を指さしている。

門灯は消えていた。

「あれ、あれ」

先ほど信二さんの父から「点いている」と言われて見に行くと、確かに点いている。

これまで何度か、近所のひとにも指摘されたことがあった。電気が通らずとも、なにかの間違いで点くことなどあるのかと不思議だったが、面倒なので、かなり前にソケットから電球ごと外していたのだ。

それなのに、まただ。なぜ点いているのか。

原因を調べようと石段を上り、背伸びをしてカバーを外して姉はびっくりした。

中に、火の玉が浮かんでいた。

それを見て悲鳴をあげたとのことだった。

火の玉は膨《ふく》らんで、目の前でぱちんと消えたそうだ。

門灯が灯ったこの日は、妹の命日だった。

「あの子が来ているのかもしれない。この家に未練があるのかな。あんな死に方して。おじさん、信ちゃん、私怖い。今日、一晩泊めてください」

姉は、家の保全に来るといつも電気のない中で一泊して帰ることが恒例になっていたのだが、さすがにこの日は火の玉が出た真っ暗な家で寝るのは怖くなったのだろう。かといってこれから長時間運転して帰るのも大変だ。もちろん断る理由はなかった。震える姉を家に上げ、久しぶりに一緒に食事をした。

翌朝、姉はいつもどおりの笑顔を見せ、家族の待つ静岡県の自宅へ帰っていったはずだった。

しかしその日の夜、彼女は停めてあった車の中で死んでいたところを発見された。焼津《やいづ》の道端に車は停まっていた。外傷もなく、突然死だったという。

乗っていたのは、妹と同じ赤いミニクーパーだった。

信二さんの隣家は、完全な空き家となった。

姉が亡くなってからは、門灯が灯ることはなくなった。

その家は取り壊されず、今も市川市若宮に残っている。

おせんころがし

「おせんころがし」とは、勝浦市の西端から鴨川市にまたがる、高さ百メートル、長さ約四キロの崖の名を指す。

崖の中腹あたりに旧国道がへばりつくように造られていて、かつては交通の難所だった。現在は新国道一二八号がやや内陸寄りに通され、難所ではなくなった。

おせんころがしという奇妙な崖の名には、いくつかの伝承がある。
一、むかし、房州《ぼうしゅう》（千葉県南部）大沢一帯を領地とした古仙《こせん》家という豪族があった。古仙家は、代々領内のひとたちをよく面倒見ていたので、みんなから親しまれていた。ところがあるとき、領主は年貢を高くすることに決めた。領内での激しい不満の声もよそに、大金持ちになった古仙家は、裕福な暮らしを送っていた。

そのうちに女の子が生まれ、仙と名付けられた。年貢の取り立てにあえぐ村人たちとは別に、古仙家は幸せに包まれていた。

こどもは大きくなるにつれ、美しくなり、両親は可愛がってなんでも買ってやった。我慢に耐えられなくなった村人たちは「悪領主をやっつけて昔の大沢に戻すべ」と、ある計画を立てる。それは、秋祭りの夜に領主を祝い酒で酔わせ、崖から突き落とす、というもの。

それを偶然耳にした古仙家の心優しいひとり娘のお仙は、「私はなにもほしくないから取り立てを厳しくすることはおやめください」と頼みこむ。それでも父親にその思いは伝わらなかった。強欲な父親に改心してほしい一心でお仙は自分が父の身替りになることを考える。娘盛りの十八歳のことだった。

秋祭りの当日、村人たちは、酔った領主をかつぎあげると、目も眩《くら》む断崖から投げ落とした。

翌朝、村人たちが崖まで見に行くと、そこにはみんなに親しまれていたお仙の亡骸があった。誰も娘が父の着物を身に着けて身替りになっていたことに気づかなかったのだ。

悲しんだ村人たちは「孝女おせん」の碑を造り、以後、ここは「おせんころがし」と呼ばれるようになった。

二、むかし、房州大沢村に病の父と暮らすお仙という娘がいた。ある日お仙は、病が治ると言われている薬草を採りにいくことにした。薬草は目の眩む崖の上に生えている。お仙はその途中で足を滑らせて、崖下まで転がり落ちて死んでしまった。悲しんだ村人たちは「孝女おせん」の碑を造り、以後、ここは「おせんころがし」と呼ばれるようになった。

三、むかし、興津《おきつ》に気立ての良い、お仙という娘が住んでいた。お仙には病弱な父親がいた。毎日父親のために高い崖の上に生えている薬草を採りに行き、それを煎《せん》じて父親に飲ませていた。美しいお仙の評判を耳にした代官は、お仙を自分の妻にしようと使いの者をやり、父に申し出た。父親が頑《かたく》なに断ると代官は激怒してお仙がいない間に父親の躰をむしろ巻にすると、崖に放置して夜遅くなってから突き落とすよう家来に命じる。

薬草を採りにいって、たまたま崖を通りかかったお仙は、父親を助け出すと、再び崖まで戻り、自らむしろ巻になって横たわった。それを知らない家来はお仙を崖から転がし殺害してしまった。

なげき悲しんだ村人たちは「孝女おせん」の碑を作り、野の花を供えた。

以後、ここは「おせんころがし」と呼ばれるようになった。


そのほかにもいくつかの逸話があるが、そのどれもに「崖」と「孝女おせん」が登場している。

言い伝えのある地には、慰霊碑が建っていて、その横に勝浦市が建てた看板がある。

そこには一番目に記した話が書かれている。

また、数々の悲話が語られるこの地では、一九五一年に殺人事件が起こった。事件内容の残虐性から「日本事件史上一恐ろしい事件」とも言われている。

事件の概要はこうだ。

行商に出た夫が帰ってこなかったことを心配した若い母親が、こどもを三人連れて、上総興津駅に降り立った。物陰から見ていた凶悪犯、栗田源蔵は「今日はもう遅いから戻ってこないだろう。危ないから家まで送っていく」と母子四人を誘い出し、おせんころがしまで連れて行く。

そして、長男と長女を崖から突き落とすと、次女を背負った母親を強姦し、そのまま崖から突き落とした。

被害者は崖の途中で止まっていたが、それに気がついた栗田は、口封じのため、さらに石で殴打し、殺害したと言われている。

実際に事件があったのは、石碑が建っている場所とはやや離れた小湊町内であった。おせんころがしは、孝女おせんの悲劇の場所でもあり、凄惨な事件の起きた場所でもある。そのためか、崖から飛び降りる自殺者や転落事故も多く、自殺の名所としても全国的に有名な場所になってしまった。現在では心霊スポットとしてもその名が知られている。

肝試しに来る若者や、動画撮影に訪れるひともあとを絶たないが、ほとんどが石碑の建っている場所を事件現場と勘違いしていることが多いようだ。

かく言う私も、以前心霊番組のロケで石碑のある方へ行ったことがある。

番組サイドからは現場でおせんころがしにまつわる実話怪談を語ってほしいと依頼されたが、さすがにお断りした。そのかわり、孝女おせんの民話を語るということで落ち着いた。

新国道一二八号線沿いの「おせんころがしトンネル」の手前に駐車場があり、そこから歩いていくと、供養塔が建っている。

ロケ当日は真冬の夜中だった。供養塔は崖のすぐそばに建っており、海からは冷たい風が吹きつける。風は崖に当たってゴウゴウと音を立てていた。

供養塔と地蔵尊に手を合わせると準備に取りかかった。供養塔の手前に茣蓙《ござ》を敷いて、ロウソクを立て、民話を語りはじめた。

ところがロケ開始と共に雨が降ってきた。一度車に戻って待機していると、すぐにあがった。再度石碑前に移動し、語りはじめるとまた雨。それが三度続いた。

カメラマンは「あーあ。これは語らせないようにしてるね」とつぶやく。そのときふと見ると、そばにサンドイッチが置かれていることに気がついた。先ほどまではなかったはずだ。まだ新しく、封が開いているが食べてはいないようだった。缶ビールとタバコも一緒にある。

こんな真夜中。灯りのない真っ暗な崖に、わざわざサンドイッチを食べにくるとは考えにくい。まさか、最後の食事をしにきたのではないかと崖下をのぞいてみたが、あまりにも暗くてなにも見えなかった。

ロケでは様々なできごとがあり、一部は収録されて今も、とある番組サイトで閲覧可能になっている。

このおせんころがし界隈での体験談を取材することができたので紹介したい。

幼少期に勝浦市に住んでいた大輔さんから聞いた話だ。

「僕、幼少期に勝浦の養護施設で暮らしていたんです。天涯孤独の身ですけど、施設ではよく面倒を見てもらいました。だから東京で暮らしている今も、時々千葉には遊びに行くんです。それで――」

彼が大学生の頃だから、今から二十年ほど前のこと。

交際していた彼女と、友人カップルとでダブルデートの予定を立てた。

彼女が行き先は任せるというので、千葉県の勝浦市まで行くことにした。皆、喜んで誘いに乗ってくれた。車を持っていた大輔さんは、運転も買って出た。

少し肌寒くなり始めた秋の午後。

都内の大輔さんの家から出発した。都会育ちの彼女たちに、良い景色を見せてあげたいし、おいしいものを食べさせてあげたい。どんなプランにするかは頭の中にできている。

途中、コンビニに寄って、スナック菓子や飲み物を買い、遠足気分でドライブを続ける。二時間ほど走って鴨川市へ入った。海が見えてくると車内のテンションが一気にあがる。

お気に入りの定食屋で遅い昼食をとることにした。海が近いから魚がうまい。この季節のお勧めの海鮮ものを頼むと、皆その美味しさに舌鼓を打った。

この笑顔が見たかったのだと大輔さんはすでに満足していた。ゆっくりと食事を味わって話に夢中になっているうち、会計を済ませる頃には日が傾いていた。

今回の旅の目的は、この食事と、夜景を見ることだった。折よく天気も良い。満天の星を見てから帰ろう。再び車に乗り込み出発した。

よく知った絶景のスポットがある。これまで何度か、ほかのともだちを連れてきたこともあった。その場所で、地面に寝そべって空を見ていると、地球を感じることができる。きっと彼女たちも喜んでくれるだろう。

港町である小湊から誕生寺の脇を通過し、山道を上がっていくと草木に覆われた古いトンネルが見えてきた。

「お化けが出そう」「アトラクションみたい」と皆がはしゃぐ。

トンネルを抜けると海沿いの崖道に出た。この崖は勝浦市に続いている。

いつものポイントに車を停めると、待ちかねたように外へ出た。

日が沈んであたりはすっかり暗くなっていた。見上げると、満天の星が見える。予想以上に皆喜んでくれた。

ダブルデートの記念に、写真撮影がしたい。事前に三脚の用意もしてある。皆には、海側に背を向けるように並んでもらい、大輔さんはファインダーに片目を押し当てた。

皆はしゃいで、わざと躰を左右にふったりしているから、なかなかピントが合わない。

「ちょっと、撮るからじっとしてよ」

大輔さんは笑いながら声をかけた。

すると、待っていた三人が、一斉に悲鳴を上げた。

「なに？　ふざけるなって。じっとしてろよ」

ところが三人とも急に黙ってこちらを指さしている。

「え？　なに？」

ファインダーから顔を離すと、大輔さんと三人の間を、黒くねっとりとした影のようなものが、すべるように右から左へ移動していく。それは茫然とする大輔さんたちの前を横切ると、街灯のない真っ暗な闇の中に、消えていった。

「やだ、なにあれ！　無理だよ。帰りたい」

彼女が大輔さんにしがみついてきた。

すぐに車に飛び乗ってエンジンをかける。車中は静まり返っていた。先ほど通ったトンネルに進入する。

あれはいったいなんだったのか。頭の整理ができない。

すると、今度は車の上部から、赤ん坊の泣き声が聞こえた——気がした。いや、勘違いだろう。このことには触れずにおこう。そう思ったが、助手席の彼女が「キャッ」と肩をすくめ、耳をふさぐ。後部座席の友人カップルも悲鳴を上げた。

トンネルを抜けたあとも、赤ん坊の泣き声はしばらく聞こえ続けていたそうだ。

「それで、その夜景スポットというのが、「おせんころがし」っていう崖のすぐ近くなんです。心霊スポットでも有名な。でも僕、幽霊とかまったく信じてなくて。ただ星がきれいだから単純にみんなのことを喜ばせたかっただけなんですよ。まさかあんな体験を自分でするとは思いませんでしたよ」

彼らが行ったのは、心霊スポットとして多くのひとが訪れる石碑側とは反対の鴨川よりの崖だった。つまり「おせんころがし殺人事件」の現場により近い場所だった。それ以来、友人などを連れていく夜景スポットはまったく別な場所に変更したそうだ。

赤山地下壕跡

房総半島南部に位置する館山市は、年間を通じて平均気温が十六度以上の温暖な気候に恵まれている。海水浴やマリンスポーツで訪れる観光客も多い。スローライフを楽しむ目的で都心から移住する人々も少なくない。青い空と海がどこまでも続く海の町だ。

館山は、戦国時代に里見氏によって造られた館山城の城下町として整備され、港町として栄えた。東京湾の入り口にあることから江戸時代の終わり頃から終戦まで、江戸を守るための重要な場所とされていた。

この館山市に館山海軍航空隊赤山《あかやま》地下壕跡と呼ばれる戦争遺跡がある。

赤山と呼ばれる小高い山をくり抜いて造られており、全長一・六キロメートルに及ぶ広大な地下壕で日本三大地下壕のひとつとされている。資料がほとんど残っていないため、建設の始まった時期や目的もいまだはっきりとはわかっておらず、未完成のまま終戦を迎えたそうだ。

現在は観光施設になっているが、戦時中は極秘の地下基地として存在し、地元民にも秘匿《ひとく》されていたという。

そのため戦後四十年あまりの間、ひとの目に触れることはなく忘れられた存在になっていた。それがあるとき、誰もいないはずの地下壕に明かりが灯《とも》っていたり、ひとが出入りしていることを不審に思った近隣の住民が中へ入ってみると、キノコ栽培の業者が勝手に不法占拠していたことから地下壕の存在が知られることとなった。

キノコにとって地下壕の環境は温度も湿気も適しており、もともと弾薬庫だった場所もキノコでいっぱいだったという。

この赤山地下壕で以前、不思議な体験をしたことがあるという四十代の尾高さんからDMが届き、電話でお話を伺った。

八年前、最愛の妻を病気で亡くしました。それはもうショックで……葬儀が終わってからもしばらくの間は何も手につきませんでした。ただぼんやりと過ごしていました。

四十九日が過ぎた朝、畳の上に寝そべって天井を見ていると、ふいにずいぶん前に他界した祖父の言葉を思い出したんです。

「館山湾にはかつて、日本海軍の戦艦長門《ながと》や武蔵《むさし》が停泊したことがあるんだ」

祖父からは、こどもの頃に戦時中の話をよく聞かされました。館山市には数多くの戦争遺跡が残されているということを教えてくれましたね。

結婚してからは仕事が忙しくて、なかなか妻とゆっくり出かけることができなかったんです。ほとんどどこへも連れていってやれなかったんです。だから、死んだあとですけどね、気分転換にふたりでまだ行ったことのない場所を巡ろうと思い立ったんです。

真っ先に思いついたのが、赤山地下壕跡でした。

私は館山で生まれ育ちましたが、実は一度も行ったことがなかったんです。いつか行こうと妻と話したことはあったんですけどね、結局行けずじまいです。

休日の昼間、さっそく行ってみました。受付でヘルメットと懐中電灯を借りて、地下壕に入ります。今は表には案内板が設置されていて、壕内には照明もありますけど、当時はそういった整備もされていなくて、本当に真っ暗なんです。昼間とはいえ、穴の中ですから。

暗い中をただひたすら歩いていきました。壕内は網目状になっていて、色んな用途で使用されていたみたいですけど、どこがどうなのか、暗くてよくわかりませんでした。素掘りの内部は天井が高いところもあれば、低いところもある。まるで迷路です。

しばらく歩いていくとね、やたらと誰かとすれ違うんです。あれっ？　今誰かいたかな？　自分と同じように見学に来たひとだろうか？　と思って、すれ違う度に懐中電灯で照らしてみるんですけど、誰もいないんですよ。なのに、たくさんいるんです。何度も何度もすれ違うんです。不思議とまったく怖くはなかったですね。

そのうちに、どこからか軍歌が聞こえてきました。ああ、こういう施設だからBGMを流しているのかなあと思っていたんですけど、気がついたら僕ね、いつの間にか行進をしながら軍歌を歌っていました。歌詞なんてわからないんですよ。

「万朶《ばんだ》の桜か襟《えり》の色　花は吉野に嵐吹く　大和男子《やまとおのこ》と生まれなば　散兵戦の花と散れ」

大きな声で歌いました。なんだか心地よかったです。

真っ暗な中、行進しながら歩いていくと、広場のようなところに出ました。

懐中電灯で照らしてみると、その広場にある建物の壁に、縦一メートル、横一・五メートルほどかなあ。窪《くぼ》みがあるんです。

窪みを見ているとね、その手前に黒い影があることに気がつきました。たくさん、たくさん、真っ黒な影が。なんだろう？　と思ったらね、それ、ひとです。大勢のひとの影なんです。それがみんな揃って、その窪みに向かってお辞儀をしていて、ぴくりとも動かないんです。いったい、このひとたちはなにをしているんだろう、と思いましたね。ゾッと鳥肌が立って、これは生きている人間じゃない、もうここにいてはいけないと感じました。急に怖くなってしまって、足早に地下壕を出ることにしました。

表に出るとまだ日は高くて目が眩みました。まるで別世界でした。

帰宅してから、受付でもらった資料に目を通したら、あの窪みのあった場所。あの黒い影がお辞儀をしていた場所です。戦時中、天皇陛下の写真が飾られていて、祭壇として使用されていたと書かれていたんです。黒い影が深々と頭を下げていた原因がわかって納得しました。

その晩、夢を見たんです。夢の中で私は、赤山地下壕の入り口にいるんです。中には軍服を着た男性や、もんぺを穿いた女性や幼いこどもたちが大勢いて、

「帰って来い。こっちへ帰って来い」

私に向かって手招きをしているんです。その姿を見て、どこか懐かしいような気持ちで心が温かくなって、目が覚めました。頭はぼんやりとしていたんですけどね、

「そうか。帰らなきゃ」

そう思って身支度を始めました。パジャマを脱いで洋服に着替えて、車のキーを手に玄関に向かって、靴に足のつま先を入れて扉に手をかける寸前で、忘れ物をしたことに気がついたんです。アメジストのブレスレットです。それをつけ忘れていたんですよ。

亡くなった妻とお揃いで僕が作ったもので、常に身に着けていたものです。リビングのテレビ台の上が定位置になっていたので、手首にぱちんとはめたその音で、我に返ったんです。

（あれ？　俺、今からどこに行くんだっけ？）

壁掛け時計は深夜二時を指していました。

その瞬間、ブレスレットが手首から外れて、石はバラバラと床に散っていきました。あのまま赤山へ戻っていたら、どうなっていたんだろうと思うと、我ながら怖いです。

尾高さんは、訥々《とつとつ》と語った。

「地下壕は、軍の関係者だけが入れたのではないんでしょうか？　なぜ、もんぺ姿の女性やこどもといった市民が夢に現れたんでしょうね？」

電話口で尾高さんに聞いてみた。

「巨大な地下壕です。弾薬庫や野戦病院はもちろんですが、そのほかにも防空壕としての役割もあったようですよ。今は閉鎖されていて中へは入れませんが、当時は出入り口が民家の方へ向いていたところが何か所かあって、避難所になっていたらしいです。当時、中で働いていた方から聞きました」

今年の八月、館山では原爆資料展が開催され、尾高さんはそれを見に行った。

赤山地下壕跡での体験をきっかけに、戦時中のことをより詳しく調べたいと思うようになったらしい。その展示会の会場で、たまたま居合わせた高齢の男性が、尾高さんに話しかけてきた。

この方は、戦時中に赤山地下壕内で実際に働いていたのだという。

「私は当時、地下壕で無線技士をしていました。中には、野戦病院のようなところもありましたけどね、天井も低く地べたに茣蓙を敷いて病人や怪我人はそこに寝かされていましたよ。任務中ですからあまりジロジロ見られませんが、満足な治療も受けられず、おそらくただ横になっているだけだったでしょうね。それはもう地獄です」

老人は遠い目をしながら語ったそうだ。

内部の資料がほとんどないため、生き残った方の証言でしか当時のことはわからないので貴重な話を聞けたという。


一連の話を聞いて、私も実際に赤山地下壕へ行ってみることにした。ちょうど尾高さんも休日だったので、現地で落ち合うことにした。

館山駅からタクシーに乗車してしばらく行くと、小高い山が見えてきた。赤山だ。

駐車場には平日にもかかわらず、多くの車が停まっていた。

受付で入壕料二百円を払って、ヘルメットと懐中電灯を借りる。

「壕内にライトが設置されるようになったのはいつ頃ですか」

職員の方に聞いたところ、二〇〇四年とのことで、割と最近のことになる。ライトが設置されてからは、来壕者が増え、多いときだと一日二百人、年間三万人近い見学者が来るそうだ。毎朝必ず中を歩いて安全点検を欠かさず行っているとのことだった。

点検中に不思議なものを見たり怖い体験をしたことはないか聞いたが、にっこり笑ってなにも答えてはもらえなかった。

地下壕を歩いて入ってすぐのところに、非常用の自力発電所跡がある。戦時中はここで十名ほどが勤務しており、空襲で爆弾の振動があると、天井の土がサラサラ落ちてきたそうだ。

奥に進んでいくと、天井が低くなっていく。壁面はボコボコしていて、このすべてがツルハシでの手掘りだというのだから、すごい。

中には弾薬庫、魚雷壕、野戦病院や防空壕があったと考えられているが、防空壕としてはかなりの規模だ。

「一般市民はどのあたりに避難していたんでしょうね？」

「この施設、一階だけじゃなくて四階くらいまであるらしいですよ。一部しか開放されていないからわかりませんけど」

さらに奥に進んでいくと、急に足が重くなったような気がして思わず立ち止まった。

「だいじょうぶですか？　やっぱりそうなりますよね」

「どういうことでしょうか」

「ここで、私の妻も不思議な体験をしましてね。あ、実は僕、去年再婚したんです。妻に、ここでの話をすると、行きたいというから、先日連れてきたんです。妻は戦争のことなどまったくわからないんですけど、なんとなく来たかったんでしょうね。そうしたら、このあたりで急に後ろをふり向いて言うんです。〝今、偉いひとが通り過ぎていったよ。襟にボタンがついたひと〟って。

このとき初めて妻に霊感があることを知りました。そう、あなたが今いるここです。ここから偉いひとが出て行ったよって。ここね、ガンルームと言われていて、尉官、佐官クラスの士官たちの部屋だったらしいです。で、その隣が奉安殿《ほうあんでん》という部屋で、僕が黒い影が壁にお辞儀をしていたのを見た場所です。あの窪みに御真影が飾られていたようですよ。この壕内には大勢のひとがいて、日本を守るために必死で働いていたんでしょうね。民間人も空襲に怯えながら隠れていたんでしょうから、不思議なことがあって当然だと思います。躰、しんどいでしょ?　私もです」

一九四四年二月九日から翌年三月九日にかけて、館山市内や航空隊（現第二十一航空群基地）、洲崎航空基地に合計六十発以上の焼夷《しょうい》弾、ナパーム弾が降り注《そそ》いだ。館山市内の死者は六十九人となり、赤山、航空自衛隊基地、沖ノ島は火の海と化した。

最初の空襲では三発の焼夷弾からで、最終的に六十発以上となった。その他、戦闘機や雷撃機といった攻撃機も加わり、館山市に飛来して攻撃を加えた。その中で犠牲となった民間人も大勢いたと考えられる。

この日、地下壕の中には、カップルや家族連れなどの見学者が多くいた。現在は観光施設として開放されているが、当時のまま残されている各部屋からは、かつてここに身を潜めていた多くの方々の息遣いが今にも聞こえてくるようだった。

今もそこに

赤山地下壕跡は戦争遺跡だが、心霊スポットしても名が知られている。

そのためか、肝試しに訪れるひとたちもいるようだ。

あるカップルは、真夜中に地下壕へ行くことにした。

夜は管理人がいないので、当然中へ入ることができない。外から写真を撮って、なにか写らないか試してみたかったそうだ。

ふたりは地下壕のそのすぐそばにある市営プールの駐車場に車を停めて歩いていくことにした。

「外から撮ってもなにか写るかな」

エンジンを切って彼氏が車から降りようとすると、彼女がその腕を掴んだ。

「え？　なに、どうしたの？」

「このひとたち、なにしにきたの？」

「なにが？」

「おばあちゃんと、こどもが」

彼女に言われて気がついたときには、周囲をなにかに取り囲まれていた。はっきりとはわからないが、大勢のひとのようなものが、車の中をのぞき込んでいる。

彼氏は総毛だった。

「なにこれ」

「こどもが中をのぞいてるから、お母さんが〝やめなさい〟って止めてる。お母さんの服、ボロボロだね」

そのとき、唐突に彼女が悲鳴を上げた。

「いっぱいきた。囲まれてる。あっ、このおばあちゃん、顔が半分ないよ」

そう言って泣きだした。

「可哀そうに、可哀そうに。みんな普通なの。普通にただここにいるんだもんね。ごめんね、邪魔して」

写真撮影はやめて、すぐに帰ったそうだ。

心霊スポットとして知られているのは赤山地下壕跡だとされており、内部ばかり注目されがちだが、かつては当然この周辺にも住民が暮らしていて、空襲の被害に遭っている。当たり前のように生活を送っていた一般市民は、一瞬ですべてを奪われた。自分が亡くなったことに気づかずに、今もそこかしこにいるのかもしれない。

あとがき

おせんころがし、金山ダム、大房岬、赤山地下壕跡、東京湾観音、達磨神社、雄蛇ケ《おじゃが》池《いけ》、活魚、八幡の藪知らず、八柱《やはしら》霊園等々――千葉県は心霊スポットの宝庫です。しかもそのどれもが全国的に有名なエース級！

昨今ネット配信者が急激に増えて、千葉県にも多くの方が訪ねてきては心躍らせながら「幽霊」「怪異」をカメラに収めようとしているようです。ただ、心霊スポットへ行けば必ず怖いことが起こるわけでもなく、単なる肝試しになってしまうことがほとんどのようですが。

さて、この度、ご当地怪談本に力を入れている竹書房さんより「千葉の怖い話を書いてみませんか」とご連絡をいただき、喜んでお引き受けいたしました。

二〇一五年に一度TOブックスさんより『千葉の怖い話　亡霊たちの集い』を出版し

ましたが、その際は心霊スポット系の話を多く紹介しました。

今回『千葉怪談』を執筆するにあたり、どんな話を入れようか悩みましたが、千葉県という地域性や心霊スポットに特化した話だけにこだわらず、千葉県内で実際に起こったできごとを多く取りあげることにしました。

家・職場・道端・林の中——身近なところで起こる怪異は決して他人ごとではなく、自分自身にも起こりうることなのだと感じていただけると思います。

体験談は、ＳＮＳで募集をかけてご連絡いただいた方に電話で取材をさせていただきました。どうしても確認が必要な場合は現地に行って直接体験者さまや近隣の方にもお話を伺いました。ご協力くださいましたみなさま、ありがとうございます。

話を聞きながら震えあがることも度々ありましたが、それ以上に改めて千葉県の魅力に触れることができました。

この本を手に取ってくださった読者さまも、怪談を通じて少しでも千葉県に興味を持っていただけましたら幸いです。

千葉県は広く、今回は紹介しきれなかった話、取材しきれていない地域がまだまだあります。
千葉の怪談をお持ちの方はぜひホームページかＴｗｉｔｔｅｒ（@senka_ushidaki）へお気軽にご連絡ください。

二〇二一年　初冬　牛抱せん夏

上／赤山地下壕入り口
下／伏姫龍穴　山門
ともに（著者撮影）

参考資料

『新編　日本の民話⑪　千葉県』（未来社）
『千葉日報』二〇一九年十月二日号
『千葉日報』二〇一三年十二月二十一日号
『上総国分尼寺跡（パンフレット）』史跡上総国分尼寺跡展示館
『館山海軍航空隊　赤山地下壕跡（パンフレット）』館山市生涯学習課
『すべてわかる戦国大名里見氏の歴史』川名登　編（図書刊行会）

参考ウェブサイト

千葉県／千葉市／市原市／南房総市／館山市／鋸南町／日蓮宗

千葉怪談

2022年1月 3 日　初版第1刷発行
2022年7月25日　初版第2刷発行

著者……………………………………………………………………………… 牛抱せん夏
デザイン・DTP ………………………………………… 荻窪裕司(design clopper)
企画・編集 ……………………………………………………… 中西如(Studio DARA)

発行人…………………………………………………………………………… 後藤明信
発行所……………………………………………………………………… 株式会社 竹書房
〒102-0075　東京都千代田区三番町８－１　三番町東急ビル６F
email：info@takeshobo.co.jp
http：//www.takeshobo.co.jp
印刷所…………………………………………………………… 中央精版印刷株式会社